어둠에서 지배권으로: 어둠의 숨겨진 손아귀에서 벗어나기 위한 40일

인식, 구원, 그리고 힘에 대한 글로벌 헌신

자유로워질 준비가 된 개인, 가족, 국가를 위해

에 의해

자카리 아스 갓시글 ; 먼데이 대사 O. 오그베 와 컴포트 라디 오그베

Zacharias Godseagle; Ambassador Monday O. Ogbe and Comfort Ladi Ogbe

Table of Contents

어둠에서 지배권으로: 어둠의 숨겨진 손아귀에서 벗어나기 위한 40일	1
인식, 구원, 그리고 힘에 대한 글로벌 헌신	1
자유로워질 준비가 된 개인, 가족, 국가를 위해	1
저작권 페이지	9
책 소개 - 어둠에서 지배로	12
뒷 표지 텍스트	16
1단락 미디어 홍보(보도/이메일/광고 안내)	18
봉납	21
감사의 말	23
독자 여러분께	25
이 책을 사용하는 방법	28
머리말	32
머리말	35
소개	37
제1장: 어둠의 왕국의 기원	41

어둠의 몰락과 형성　　　　　　　　　　　42
다크 킹덤의 글로벌 표현　　　　　　　　43
이 책이 지금 중요한 이유　　　　　　　　43
당신은 전투 속에서 태어났습니다　　　　44

2장: 오늘날 어둠의 왕국이 어떻게 운영되는가　　47

3장: 진입점 - 사람들이 중독되는 방법　　　53

4장: 현상 - 소유에서 강박관념으로　　　　57

제5장 말씀의 능력 - 믿는 자의 권위　　　　61

1일차: 혈통과 문 - 가족 사슬을 끊다　　　　65

2일차: 꿈의 침략 - 밤이 전쟁터가 될 때　　　70

3일차: 영적 배우자 - 운명을 묶는 불경스러운 결합　75

4일차: 저주받은 물건들 - 더럽히는 문들　　　81

5일차: 매혹과 속임 - 점술의 영에서 벗어나다　85

6일차: 눈의 문 - 어둠의 문을 닫다　　　　　91

**7일차: 이름 뒤에 숨은 힘 - 불경건한 정체성을
포기하다　　　　　　　　　　　　　　　　96**

**8일차: 거짓된 빛의 정체를 밝히다 - 뉴에이지의
함정과 천사의 속임수　　　　　　　　　　101**

3

9일차: 피의 제단 – 생명을 요구하는 언약　　107

10일차: 불임과 상처 – 자궁이 전쟁터가 될 때　　112

11일차: 자가면역 질환 및 만성 피로 – 내면의 보이지 않는 전쟁　　117

12일차: 간질과 정신적 고통 – 마음이 전쟁터가 될 때　122

13일차: 두려움의 영 – 보이지 않는 고통의 우리를 깨뜨리다　　127

14일차: 사탄의 표식 – 불경스러운 낙인을 지우다　132

15일차: 거울의 영역 – 반사의 감옥에서 탈출　　137

16일차: 말의 저주를 끊다 – 당신의 이름과 미래를 되찾다　　142

17일차: 통제와 조작으로부터의 해방　　147

18일차: 용서하지 못하는 마음과 원망의 힘을 깨뜨리다　　153

19일차: 수치심과 비난으로부터의 치유　　158

20일차: 가정의 마법 – 어둠이 같은 지붕 아래 살 때　164

21일차: 이세벨 영 – 유혹, 통제, 종교적 조작　　169

22일차: 비단뱀과 기도 - 억압의 정신을 깨다   175

23일차: 불의의 왕좌 - 영토적 요새를 무너뜨리다   180

24일차: 영혼의 조각들 - 당신의 일부가 사라졌을 때 185

25일차: 이상한 아이들의 저주 - 태어날 때 운명이 바뀌는 경우   190

26일차: 숨겨진 권능의 제단 - 엘리트 오컬트 계약으로부터 벗어나다   196

27일차: 부정한 동맹 - 프리메이슨, 일루미나티 및 영적 침투   201

28일차: 카발라, 에너지 그리드 및 신비로운 "빛"의 유혹   206

29일차: 일루미나티 베일 - 엘리트 오컬트 네트워크의 실체 폭로   211

30일차: 미스터리 스쿨 - 고대의 비밀, 현대의 속박 216

31일차: 카발라, 신성 기하학 & 엘리트 빛의 기만   222

3일차 2: 내면의 뱀의 영 - 구원이 너무 늦게 올 때 228

33일차: 내면의 뱀의 영 - 구원이 너무 늦게 올 때 235

34일차: 프리메이슨, 규율, 그리고 저주 - 형제애가 속박이 될 때   242

5

35일째: 교회 좌석에 있는 마녀들 - 악이 교회 문을
통해 들어올 때   248

36일차: 암호화된 주문 - 노래, 패션, 영화가 포털이
되는 순간   254

37일차: 보이지 않는 권력의 제단 - 프리메이슨,
카발라, 그리고 오컬트 엘리트들   260

38일째: 자궁의 언약과 물의 왕국 - 태어나기 전에
운명이 더럽혀질 때   266

39일차: 물 세례로 속박에서 벗어나다 - 유아, 이니셜,
보이지 않는 언약이 어떻게 문을 여는가   273

40일차: 전달받는 자에서 전달하는 자로 - 당신의
고통은 당신의 안수입니다   280

360° 매일 구원과 지배 선언 - 1부   285

360° 구원과 지배의 일일 선언 - 2부   288

360° 매일 구원과 지배 선언 - 3부   294

**결론: 생존에서 아들됨으로 - 자유롭게 지내기,
자유롭게 살기, 다른 사람들을 자유롭게 하기**   300

그리스도와 함께 거듭나고 새로운 삶을 시작하는 방법 3
05

다시 태어나는 방법   306
이것을 큰소리로 기도해보세요: 306

구원 후 다음 단계 307

나의 구원의 순간　　　　　　　　　　　　　　**309**

그리스도 안에서의 새 생명 증명서　　　　　　**310**

구원 선언 - 은혜로 거듭남　　　　　　　　　　310
＿＿＿＿＿＿＿＿＿＿＿＿＿＿＿＿＿＿＿＿　　310
결정 날짜 : ＿＿＿＿＿＿＿＿＿＿＿　　　　　　311
서명 : ＿＿＿＿＿＿＿＿＿＿＿＿＿＿　　　　　　311
구원 선언　　　　　　　　　　　　　　　　　　311
하나님의 가족에 오신 것을 환영합니다!　　　　311

하나님의 독수리 사역에 참여하세요　　　　　**314**

추천 도서 및 자료　　　　　　　　　　　　　**315**

부록 (1-6) : 자유와 더 깊은 구원을 유지하기 위한 자원　　　　　　　　　　　　　　　　　　　　**329**

부록 1: 교회 안에 숨겨진 마법, 신비로운 관습, 이상한 제단을 분별하기 위한 기도　　　　　　**330**

부록 2: 미디어 포기 및 정화 프로토콜　　　　**331**

부록 3: 프리메이슨, 카발라, 쿤달리니, 마법, 오컬트 포기 각본　　　　　　　　　　　　　　　　　**332**

부록 4: 기름 부음 활성화 가이드　　　　　　**334**

부록 6: 영적 성장을 위한 간증이 담긴 비디오 자료 **335**

최종 경고: 이걸 가지고 놀 수 없습니다 337

저작권 페이지

어둠에서 지배권으로: 어둠의 숨겨진 손아귀에서 벗어나기 위한 40일 - 자카리아스

고드시글 , 컴포트 레이디 의 인식, 구원, 그리고 권능에 대한 글로벌 헌신 Ogbe & 월요일 O. Ogbe 대사

저작권 © 2025 Zacharias Godseagle 및 God's Eagle Ministrie - GEM
모든 권리 보유.

본 출판물의 어떠한 부분도 발행인의 사전 서면 허가 없이는 전자적, 기계적, 복사, 녹음, 스캔 또는 기타 어떤 형태나 수단으로든 복제, 검색 시스템에 저장 또는 전송할 수 없습니다. 단, 중요한 기사나 리뷰에 포함된 간략한 인용문은 예외입니다.

이 책은 논픽션과 신앙 소설로 구성되어 있습니다. 개인정보 보호를 위해 필요한 경우 일부 이름과 개인 정보는 변경되었습니다.

성경 구절은 다음에서 발췌했습니다.

- *New Living Translation(NLT)* , © 1996, 2004, 2015, 틴데일 하우스 재단. 허가를 받아 사용. 모든 권리 보유.

표지 디자인: GEM TEAM

GEM TEAM의 인테리어 레이아웃

출판사:
Zacharias Godseagle & God's Eagle Ministries - GEM
www.otakada.org | ambassador@otakada.org

초판, 2025년
미국에서 인쇄

책 소개 - 어둠에서 지배로

어둠에서 지배권으로: 어둠의 숨겨진 손아귀에서 벗어나기 위한 40일 – *자각, 구원, 그리고 권능에 대한 글로벌 헌신* – *자유 로워질 준비가 된 개인, 가족, 그리고 국가를 위한* 단순한 신앙서가 아닙니다. 대통령, 총리, 목사, 교회 사역자, CEO, 부모, 청소년, 그리고 조용한 패배 속에서 살기를 거부하는 모든 신자를 위한 40일간의 글로벌 구원 체험입니다.

이 강력한 40일 묵상은 **영적 전쟁, 조상 제단에서의 구원, 영혼의 유대 끊기, 오컬트 노출, 전직 마녀, 전직 사탄주의자**, 그리고 어둠의 세력을 극복한 사람들의 세계적 간증을 다룹니다.

당신이 **나라를 이끌든**, **교회의 목회를 하든**, **사업을 운영하든**, **기도실에서 가족을 위해 싸우든**, 이 책은 숨겨진 것을 폭로하고, 무시되었던 것을 마주하게 하며, 당신이 자유로워질 수 있도록 힘을 줄 것입니다.

인식, 구원, 그리고 능력을 위한 40일간의 글로벌 헌신이 페이지에서는 다음과 같은 내용을 볼 수 있습니다.

- 혈통의 저주와 조상의 언약
- 영혼의 배우자, 해양 영혼, 그리고 영적 조작
- 프리메이슨, 카발라, 쿤달리니 각성, 그리고 마법 제단
- 자녀 헌신, 산전 입문 및 악마의 짐꾼
- 미디어 침투, 성적 트라우마, 그리고 영혼의 파편화
- 비밀 사회, 악마적 AI, 그리고 거짓 부흥 운동

매일 다음이 포함됩니다.
- *실제 이야기 또는 글로벌 패턴*
- *성경 기반 통찰력*
- *그룹 및 개인 적용*
- *구원 기도 + 반성 일지*

이 책은 다음과 같은 경우 에 적합 합니다.

- 국가를 위해 영적 명확성과 보호를 추구하는 대통령 **이나 정책 입안자**

- 성장과 순수함을 저해하는 보이지 않는 세력과 싸우는 목사, **중보자 또는 교회 일꾼**
- 설명할 수 없는 전쟁과 방해 행위에 직면한 CEO **또는 기업 리더**
- 꿈, 고통 또는 이상한 현상에 시달리는 청소년 **이나 학생**
- 부모 **또는 보호자가** 당신의 혈통에서 영적 패턴을 알아차리는 경우
- **기독교 지도자, 돌파구 없음**
- 아니면 단순히 **생존에서 승리의 지배로 나아갈 준비가 된 신자**일 수도 있습니다.

왜 이 책을 선택했나요?

어둠이 빛의 가면을 쓴 시대에 **구원은 더 이상 선택 사항이 아닙니다**.
그리고 **힘은 정보를 갖춘 자, 준비된 자, 그리고 항복하는 자에게 있습니다**.

Godseagle, 대사 Monday O. Ogbe, Comfort Ladi 가 작성 오그베, 이것은 단순한 가르침 이상의 것입니다. 이것은 교회, 가족, 국가가 일어나 두려움이 아닌 **지혜와 권위**로 맞서 싸우라는 전 세계적인 경종입니다.

당신이 전하지 못한 것을 제자로 삼을 수는
없습니다. 그리고 어둠의 손아귀에서 벗어나기
전까지는 통치권 안에서 걸을 수 없습니다.

악순환의 고리를 끊으세요. 숨겨진 것에 맞서세요.
운명을 되찾으세요. 하루하루.

뒷 표지 텍스트

지배권으로
어둠의 숨겨진 손아귀에서 벗어나기 위한 40일
인식, 구원, 그리고 권능에 대한 글로벌 헌신

대통령, **목사**, **부모** 또는 **기도하는 신자이** 신가요? 지속 가능한 자유와 획기적인 발전을 간절히 원하시나요?

이 책은 단순한 묵상이 아닙니다. **조상의 언약, 오컬트 속박, 바다의 정령, 영혼의 파편화, 미디어 침투 등 보이지 않는 전쟁터를 40일간 전 세계로 여행하는 책입니다**. 매일마다 생생한 간증, 전 세계적인 현상, 그리고 실천 가능한 구원 전략이 제시됩니다.

다음 내용을 발견하게 될 것입니다:

- 영적인 문은 어떻게 열리고 어떻게 닫는가
- 반복되는 지연, 고통, 속박의 숨겨진 뿌리
- 강력한 일일 기도, 성찰 및 그룹 적용
- **구원** 만이 아닌, 주권 에 들어가는 방법

아프리카의 **마녀 제단** 부터 북미의 **뉴에이지 사기극** 까지, 유럽의 **비밀 사회 부터** 라틴 아메리카의 **혈맹 까지** —이 책은 이 모든 것을 폭로합니다.

《어둠에서 지배로》 는 목회자, 지도자, 가족, 청소년, 전문가, CEO, 그리고 승리 없는 전쟁의 반복에 지친 모든 사람을 위해 쓰인 자유로 가는 로드맵입니다.

"당신이 전하지 못한 것을 제자로 삼을 수는 없습니다. 그리고 어둠의 손아귀에서 벗어나기 전까지는 통치권 안에서 걸을 수 없습니다."

1단락 미디어 홍보(보도/이메일/광고 안내)

『다크니스 투 다우미언: 40일 만에 어둠의 은밀한 손아귀에서 벗어나기』(DARKNESS TO DOMINION: 40 Days to Break Free from the Hidden Grip of Darkness) 는 원수가 제단, 혈통, 비밀 결사, 오컬트 의식, 그리고 일상적인 타협을 통해 어떻게 삶, 가족, 그리고 국가에 침투하는지 폭로하는 세계적인 묵상서입니다. 모든 대륙의 이야기와 실전에서 검증된 구원 전략이 담긴 이 책은 대통령과 목사, CEO와 십 대, 주부와 영적 전사, 그리고 영원한 자유를 간절히 바라는 모든 이에게 적합합니다. 단순히 읽기 위한 책이 아니라, 족쇄를 끊기 위한 책입니다.

제안된 태그

- 구원에 대한 헌신
- 영적 전쟁
- 전 오컬트 증언
- 기도와 금식
- 세대의 저주를 깨다
- 어둠으로부터의 자유

- 기독교의 영적 권위
- 해양 스피릿
- 쿤달리니 속임수
- 비밀 사회가 폭로되다
- 40일 구출

캠페인을 위한 해시태그

#어둠이주권으로

#구원헌신

#사슬을끊자

#그리스도를 통한 자유

#글로벌어웨이크닝

#숨겨진전투노출

#자유를깨기 위해기도하세요

#영적전쟁책

#어둠에서빛으로

#왕국권위

\#더이상속박없어

\#전오컬트증언

\#쿤달리니경고

\#해양정신노출

\#40일간의자유

봉납

우리를 어둠에서 불러내어 그의 놀라운 빛으로 인도하신 분
, 곧 우리의 구원자이시며, 빛을 전하시는 분이시며
, 영광의 왕이신 **예수 그리스도** 께 기도드립니다.

침묵 속에서 울부짖는 모든 영혼에게 – 보이지 않는 사슬에 갇힌 영혼, 꿈에 시달리는 영혼, 목소리에 괴로워하는 영혼, 아무도 보지 못하는 곳에서 어둠과 싸우는 영혼에게 – 이 여정은 바로 당신을 위한 것입니다.

성벽 위의 목사님 들 , **중보자님들** , 파수꾼님들, 밤새도록 기도하는 어머니들, 포기 **하지** 않는 **아버지들** , 너무 많은 것을 보는 **어린 소년** 들 , 너무 일찍 악에 물든 **어린 소녀들** , 공공 권력 뒤에 보이지 않는 무게를 지고 있는 CEO들, 대통령들, 의사 결정권자들, 비밀 **스러운 속박 과** 싸우는 **교회** 사역자들, 그리고 **맞서** 싸울 용기를 가진 **영적 전사들** 에게 – **이것은 일어나라는 부름입니다** .

그리고 자신의 이야기를 나눠주신 용감한 분들께 감사드립니다. 여러분의 상처가 이제 다른 사람들을 자유롭게 해 줄 것입니다.

이 기도가 어둠 속 길을 밝혀 많은 이들을 주권과 치유, 그리고 거룩한 불길로 인도하기를 바랍니다. 당신은 잊혀지지 않았습니다. 당신은 무력하지 않습니다. 당신은 자유를 위해 태어났습니다.

- *Zacharias Godseagle , Monday O. Ogbe* 대사 및 *Comfort Ladi* 오그베

감사의 말

무엇보다도, 우리는 **전능하신 하나님, 곧 빛과 진리의 창조주이신 성부, 성자, 성령께 감사드립니다**. 그분께서는 닫힌 문, 휘장, 설교단, 그리고 단상 뒤에서 벌어지는 보이지 않는 싸움들을 우리에게 깨닫게 해 주셨습니다. 우리의 구원자이시며 왕이신 예수 그리스도께 모든 영광을 돌립니다.

고통과 승리, 그리고 변화의 이야기를 나눠주신 전 세계의 용감한 남녀 여러분께, 여러분의 용기가 전 세계적인 자유의 물결을 일으켰습니다. 침묵을 깨주셔서 감사합니다.

성벽 위에서 가르치고, 중보하고, 구원하고, 분별하며 은밀한 곳에서 수고하는 사역자들과 파수꾼들에게, 우리는 여러분의 끈기에 경의를 표합니다. 여러분의 순종은 견고한 진을 무너뜨리고 높은 곳의 속임수를 폭로하고 있습니다.

진실을 밝히기 위해 영적 잔해를 파헤치는 동안 우리와 함께 해주신 가족, 기도 파트너, 지원팀 여러분께, 변함없는 믿음과 인내심에 감사드립니다.

연구자, YouTube 증언자, 고발자, 그리고 플랫폼을 통해 어둠을 폭로하는 왕국의 전사 여러분,
여러분의 대담함 덕분에 이 작업은 통찰력, 계시, 그리고 긴박함으로 가득 찼습니다.

그리스도의 몸 된 교회 에 : 이 책은 또한 여러분의 것입니다. 이 책이 여러분 안에 경계하고, 분별하며, 두려움 없이 살겠다는 거룩한 결의를 일깨워 주기를 바랍니다. 우리는 전문가가 아니라 증인으로서 글을 씁니다. 우리는 심판자가 아니라 구원받은 자로서 서 있습니다.

마지막으로 **이 신앙서의 독자 여러분** , 즉 모든 나라의 탐구자, 전사, 목사, 구원 사역자, 생존자, 진리를 사랑하는 여러분, 이 책의 모든 페이지가 여러분에게 **다음 단계로 나아갈 힘을 줄 수 있기를 바랍니다.** 어둠이 지배권으로 .

- Zacharias Godseagle
- 먼데이 O. Ogbe 대사
- Comfort Ladi 오그베

독자 여러분께

이것은 단순한 책이 아닙니다. 이것은 부름입니다.

젊은 구도자 든, **이름조차 알 수 없는 싸움으로 지친 목사** 든, **악몽과 싸우는 기업인 이든**, **끝없는 국가적 어둠에 맞서는 국가 원수든**, 이 묵상은 **어둠 속에서 당신을 이끌어줄 것 입니다**.

개인 에게 : 당신은 미치지 않았습니다. 꿈에서, 당신의 분위기에서, 당신의 혈통에서 느끼는 것은 실제로 영적인 것일 수 있습니다. 하나님은 단순한 치유자가 아니라 구원자이십니다.

가족 에게 : 이 40일 여정은 오랫동안 여러분의 혈통을 괴롭혀 온 패턴(중독, 시기상조의 죽음, 이혼, 불임, 정신적 고통, 갑작스러운 빈곤)을 파악하고 이를 깨는 데 필요한 도구를 제공합니다.

교회 지도자들과 목회자 여러분 께 : 이 사건을 통해 설교단에서가 아니라, 영의 세계와 마주할 수 있는 더 깊은 분별력과 용기가 일깨워지기를 바랍니다. 구원은 선택 사항이 아닙니다. 그것은 대위임령의 일부입니다.

CEO, 기업가, 전문가 여러분 께 : 영적인 계약은 이사회에서도 유효합니다. 사업을 신께 바치십시오. 사업의 행운, 혈맹, 프리메이슨의 호의로 위장한 조상 제단을 허물고 깨끗한 손으로 일하십시오.

파수꾼과 중보자 께 : 여러분의 깨어 있음은 헛되지 않았습니다. 이 자원은 여러분의 도시, 여러분의 지역, 여러분의 국가를 위한 여러분의 손에 있는 무기입니다.

대통령과 총리 여러분 께 , 이 말씀이 여러분의 책상에 닿게 된다면, 국가는 단순히 정책으로만 통치되는 것이 아닙니다. 국가는 비밀리에 또는 공개적으로 세워진 제단에 의해 통치됩니다. 숨겨진 토대가 마련될 때까지 평화는 결코 찾아올 수 없습니다. 이 묵상이 여러분을 세대적 개혁으로 이끌기를 바랍니다.

젊은 남녀 에게 : 하나님은 당신을 보고 계십니다. 당신을 선택하셨고, 영원히 이끌어내실 것입니다.

이것이 바로 당신의 여정입니다. 하루하루, 한 번에 한 체인씩.

어둠에서 지배까지 – 이제 여러분의 시간입니다.

이 책을 사용하는 방법

어둠에서 지배로: 어둠의 숨은 손아귀에서 벗어나는 40일은 단순한 신앙 서적을 넘어, 구원의 지침서이자 영적 해독제이며, 전쟁 훈련소이기도 합니다. 혼자 읽든, 모임에서 읽든, 교회에서 읽든, 혹은 다른 사람들을 인도하는 리더로서 읽든, 이 강력한 40일 여정을 최대한 활용하는 방법을 소개합니다.

데일리 리듬

매일은 정신, 영혼, 육체를 활성화하는 데 도움이 되는 일관된 구조를 따릅니다.

- **주요 신앙적 가르침** - 숨겨진 어둠을 드러내는 계시적 주제.
- **글로벌 맥락** - 이 거점이 전 세계에서 어떻게 나타나는가.
- **실제 이야기** - 다양한 문화권에서 실제로 일어난 구원의 경험.
- **행동 계획** - 개인의 영적 수행, 포기 또는 선언.

- **단체용** - 소규모 그룹, 가족, 교회 또는 구출팀에서 사용 가능.
- **핵심 통찰** - 기억하고 기도해야 할 요약된 내용입니다.
- **성찰일지** - 각각의 진실을 깊이 생각하기 위한 마음의 질문.
- **구원의 기도** - 견고한 진을 무너뜨리기 위한 영적 전쟁에 초점을 맞춘 기도입니다.

필요한 것

- 당신의 **성경**
- 저널 **이나 노트북**
- **기름 부음** (선택 사항이지만 기도 중에 강력함)
- 성령의 인도하심에 따라 **금식하고 기도할** 의지
- 더 심각한 사례에 대한 **책임 파트너 또는 기도팀**

그룹이나 교회에서 사용하는 방법

- **매일 또는 매주** 만나서 통찰력을 논의하고 함께 기도하세요.

- 그룹 세션에 앞서 멤버들이 **반성 일지를** 작성하도록 권장합니다.
- **그룹 신청 섹션을** 사용하여 토론, 고백 또는 회사 구원의 순간을 촉발하세요.
- 더욱 강렬한 징후를 처리하기 위해 훈련된 리더를 지정하세요.

목회자, 지도자 및 구원 사역자를 위해

- 설교단이나 구원 훈련 학교에서 매일 주제를 가르치십시오.
- 이 신앙서를 상담 가이드로 활용할 수 있도록 팀을 준비하세요.
- 영적 지도, 부흥 집회, 도시 기도 운동 등에 맞게 섹션을 필요에 맞게 맞춤 설정하세요.

탐색할 부록

책의 마지막 부분에서는 다음과 같은 강력한 보너스 자료를 찾을 수 있습니다.

1. **완전 구원에 대한 매일의 선언** – 매일 아침과 저녁에 이것을 큰 소리로 말하십시오.
2. **미디어 포기 가이드** – 엔터테인먼트에서 영적 오염을 제거하여 삶을 해독하세요.

3. **교회 내 숨겨진 제단을 분별하기 위한 기도** – 중보자들과 교회 일꾼들을 위한 기도.
4. **프리메이슨, 카발라, 쿤달리니 & 오컬트 포기 스크립트** – 강력한 회개 기도.
5. **대규모 구원 체크리스트** – 십자군, 가정 친교, 개인 휴양에 사용하세요.
6. **증언 영상 링크**

머리말

보이지 않고 말로 표현되지 않지만 맹렬하게 실제하는 전쟁이 남성, 여성, 어린이, 가족, 지역 사회, 국가의 영혼을 휩쓸고 있습니다.

이 책은 이론이 아닌 불길에서 탄생했습니다. 울부짖는 구원의 방에서, 어둠 속에서 속삭이고 지붕 위에서 외치는 간증에서, 깊은 연구와 전 세계적인 중보, 그리고 여전히 신자들을 얽어매는 **어둠의 뿌리를 다루지 못하는 표면적인 기독교에 대한 거룩한 좌절에서 탄생했습니다**.

너무나 많은 사람들이 십자가에 나아왔지만 여전히 쇠사슬에 묶여 있습니다. 너무나 많은 목회자들이 은밀히 정욕, 두려움, 또는 조상의 언약이라는 악령에 시달리면서도 자유를 설교합니다. 너무나 많은 가정들이 가난, 타락, 중독, 불임, 수치심의 악순환에 갇혀 있지만 **그 이유를 알지 못합니다**. 그리고 너무나 많은 교회들이 악령, 마법, 피의 제단, 또는 구원에 대해 이야기하기를 꺼립니다. "너무 강렬하기" 때문입니다.

하지만 예수님은 어둠을 피하신 것이 아니라, **어둠과 맞서 싸우셨습니다**. 악령을 무시하신 것이 아니라, **쫓아내셨습니다**. 그리고 단지 여러분을 용서하기 위해 죽으신 것이 아니라, **여러분을 자유롭게 하기 위해 죽으셨습니다**.

이 40일 글로벌 묵상은 단순한 성경 공부가 아닙니다. **영적인 수술실입니다**. 자유의 일기입니다. 구원과 진정한 자유 사이에서 갈팡질팡하는 이들을 위한 지옥 지도입니다. 포르노에 얽매인 십 대 청소년이든, 뱀 꿈에 시달리는 영부인이든, 조상의 죄책감에 시달리는 총리든, 은밀한 속박을 숨긴 선지자든, 악령의 꿈에서 깨어난 아이든, 이 여정은 바로 당신을 위한 것입니다.

아프리카, 아시아, 유럽, 북미, 남미 등 전 세계 곳곳에서 전해지는 이야기들을 통해 한 가지 진실을 확인할 수 있습니다. 바로 **악마는 사람을 차별하지 않는다는 것입니다**. 하지만 하나님도 마찬가지입니다. 그분께서 다른 사람들을 위해 하신 일을 당신에게도 하실 수 있습니다.

이 책은 다음과 같은 사람들을 위해 쓰였습니다.

- 개인적인 구원을 추구하는 **개인들**
- 세대 간 치유가 필요한 **가족들**
- **목회자** 와 교회 일꾼들에게 장비가 필요합니다
- 높은 지위에서 영적 전쟁을 헤쳐 나가는 **기업 리더들**
- 참된 부흥을 외치는 **나라들**
- 자신도 모르게 문을 열어버린 **청년들**
- 구조와 전략이 필요한 **구원 사역자들**
- 그리고 **악마를 믿지 않는 사람들 조차도** 이 페이지에서 자신의 이야기를 읽을 때까지는

당신은 성장할 것입니다. 도전받을 것입니다. 하지만 그 길에 머물러 있다면, 당신 또한 **변화 할 것입니다** .

당신은 그저 자유로워지는 게 아닙니다. 당신은 **통치권 안에서 걸을** 것입니다 .

시작해 볼까요.

— *Zacharias Godseagle , Monday O. Ogbe* 대사 및 *Comfort Ladi* 오그베

머리말

열방에 요동이 일고 있습니다. 영계에 진동이 일고 있습니다. 설교단에서 의회, 거실에서 지하 교회에 이르기까지 모든 곳에서 사람들은 섬뜩한 진실을 깨닫고 있습니다. 바로 우리가 원수의 영향력을 과소평가해 왔고, 그리스도 안에서 우리가 지닌 권세를 오해해 왔다는 것입니다.

『어둠에서 주권으로』는 단순한 신앙 서적이 아니라, 분명한 메시지입니다. 예언적인 지침서이며, 고통받는 이들, 갇힌 이들, 그리고 "왜 나는 아직도 쇠사슬에 묶여 있는가?"라고 궁금해하는 신실한 신자들을 위한 생명줄입니다.

여러 나라에서 부흥과 구원을 목격한 사람으로서, 저는 교회가 지식이 부족한 것이 아니라 영적인 **자각**, **담대함**, 그리고 **훈련이 부족하다는 것을 직접 경험했습니다**. 이 사역은 그 간극을 메웁니다. 전 세계적인 간증, 강력한 진리, 실질적인 행동, 그리고 십자가의 능력을 하나로 엮어 40일간의 여정을 만들어냅니다. 이 여정은 잠자던 삶에 먼지를 털어내고 지친 삶에 불을 지피는 여정이 될 것입니다.

제단에 맞서 싸울 용기를 가진 목사에게, 악마의
꿈과 조용히 싸우는 청년에게, 보이지 않는 언약에
얽매인 사업주에게, *영적으로 무언가 잘못 되었다는
것을 알지만* 그것을 설명할 수 없는 지도자에게 –
이 책은 바로 당신을 위한 책입니다.

이 글을 수동적으로 읽지 마시기를 간곡히
부탁드립니다. 매 페이지마다 당신의 영혼을
일깨우고, 모든 이야기가 전쟁을 일으키도록
하십시오. 모든 선언이 당신의 입을 불처럼 뜨겁게
말하도록 훈련시키십시오. 그리고 이 40일을 걸어온
후에는, 당신의 자유를 축하하는 데 그치지 말고
다른 사람들의 자유를 위한 도구가 되십시오.

진정한 지배란 단지 어둠에서 벗어나는 것이
아닙니다.
그것은 돌아서서 다른 사람들을 빛으로 끌어들이는
것입니다.

그리스도의 권위와 능력으로

오그베 대사

소개

어둠에서 지배로: 어둠의 숨겨진 손아귀에서 벗어나는 40일은 그저 또 다른 신앙서가 아니라 전 세계적인 경각심을 불러일으키는 책입니다.

전 세계 곳곳에서, 시골 마을부터 대통령궁, 교회 제단부터 회의실까지, 사람들은 자유를 갈망하고 있습니다. 구원만이 아닙니다. 해방, **명확성, 돌파구, 온전함, 평화, 그리고 힘을 갈망합니다.**

하지만 진실은 이렇습니다. 당신이 용납하는 것을 내던질 수 없습니다. 보이지 않는 것에서 벗어날 수 없습니다. 이 책은 그 어둠 속에서 당신의 빛이 되어 줄 것입니다.

40일 동안 여러분은 어둠의 은밀한 작용을 폭로하고 영과 혼과 육체를 극복할 수 있는 힘을 주는 가르침, 이야기, 간증, 전략적 행동을 배우게 될 것입니다.

당신이 목사, CEO, 선교사, 중보자, 십 대, 어머니, 국가 원수 등 어떤 직책을 맡든, 이 책의 내용은 당신을 직면하게 할 것입니다. 당신을 부끄럽게 하려는 것이 아니라, 당신을 해방시키고 다른 사람들을 자유로 인도할 준비를 시키려는 것입니다.

이것은 성경에 근거하고, 실제 삶의 이야기로 날카로워지고, 예수의 피로 흠뻑 젖은 , **인식, 구원, 그리고 능력에 대한 세계적인 헌신 입니다.**

이 신앙서를 사용하는 방법

1. **5개의 기초 장으로 시작하세요**
   . 이 장들은 기초를 다지는 데 도움이 됩니다 . 건너뛰지 마세요. 어둠의 영적 구조와 그것을 극복하도록 당신에게 주어진 권세를 이해하는 데 도움이 될 것입니다.
2. **매일을 의도적으로 실천하세요.**
   매일의 항목에는 주요 주제, 전 세계적인 현상, 실제 이야기, 성경 구절, 행동 계획, 그룹 적용 아이디어, 핵심 통찰력, 일기 주제 , 강력한 기도가 포함됩니다.
3. 이 책의 마지막에 있는 ' **360도 일일 선언' 으로 매일을 마무리하세요 .** 이 강력한 선언은 여러분의 자유를 강화하고 영적인 문을 보호하도록 고안되었습니다.
4. **혼자 또는 그룹으로 사용하세요**
   개인적으로 또는 그룹, 가정 교제, 중보팀

또는 구원 사역으로 이 일을 겪든, 성령이 속도를 인도하고 전투 계획을 개인화하도록 허용하세요.
5. **반대를 예상하십시오. 그러면 돌파구**가 생길 것입니다. 하지만 자유도 함께 찾아올 것입니다. 구원은 하나의 과정이며, 예수님은 당신과 함께 그 과정을 걸어가실 것을 약속하십니다.

기초 장(1일차 전에 읽어보세요)

1. 다크 킹덤의 기원

루시퍼의 반역부터 악령의 위계질서와 영역 영들의 출현까지, 이 장은 어둠의 성경적, 영적 역사를 추적합니다. 어둠이 어디에서 시작되었는지 이해하면 어둠이 어떻게 작동하는지 이해하는 데 도움이 됩니다.

2. 오늘날 어둠의 왕국이 어떻게 운영되는가

이 장에서는 계약과 피의 희생, 제단, 바다의 정령, 기술적 침투에 이르기까지 고대 정령의 현대적 모습을 밝혀냅니다. 여기에는 미디어, 트렌드,

심지어 종교가 어떻게 위장 역할을 할 수 있는지도 포함됩니다.

3. 진입점: 사람들이 중독되는 방법

누구도 우연히 속박 속에 태어나지 않습니다. 이 장에서는 트라우마, 조상 제단, 마법 노출, 영혼의 유대감, 오컬트적 호기심, 프리메이슨, 거짓 영성, 그리고 문화적 관습과 같은 관문을 살펴봅니다.

4. 징후: 소유에서 강박관념으로

속박은 어떤 모습일까요? 악몽부터 결혼 지연, 불임, 중독, 분노, 심지어 "거룩한 웃음"까지, 이 장은 악마들이 어떻게 문제, 재능, 또는 개성으로 위장하는지 보여줍니다.

5. 말씀의 능력: 믿는 자의 권위

40일 전쟁을 시작하기 전에, 그리스도 안에서의 당신의 법적 권리를 이해해야 합니다. 이 장은 영적인 법칙, 전쟁 무기, 성경적 규례, 그리고 구원의 언어로 당신을 무장시켜 줄 것입니다.

시작하기 전 마지막 격려

다스리 라고 부르시는 것이 아닙니다. 어둠을 **지배하라고** 부르십니다.
힘이나 능력으로가 아니라, 그분의 영으로 부르십니다.

앞으로 40일을 단순한 신앙의 시간 이상으로 삼으십시오.
한때 당신을 지배했던 모든 제단을 위한 장례식이 되기를 바랍니다. 그리고 하나님께서 당신을 위해 정하신 운명으로의 대관식이 되기를 바랍니다.

여러분의 영토 여행이 지금 시작됩니다.

제1장: 어둠의 왕국의 기원

"우리의 싸움은 혈육과 싸우는 것이 아니요 통치자들과 권세들과 이 세상 어둠의 주관자들과 하늘에 있는 악의 영들과 싸우는 것이니라" -
에베소서 6:12

인류가 시간의 무대에 발을 들여놓기 오래전, 하늘에서 보이지 않는 전쟁이 발발했습니다. 이 전쟁은 칼 이나 총의 전쟁이 아니라 반역, 즉 지극히 높으신 하나님 의 거룩함과 권위에 대한 대반역이었습니다. 성경은 하나님의 가장 아름다운 천사 중 하나, 빛나는 자 **루시퍼 의 타락을 암시하는 여러 구절을 통해 이 신비를 밝혀줍니다**. 그는 감히 하나님의 보좌보다 자신을 높이려 했습니다(이사야 14:12-15, 에스겔 28:12-17).

이러한 우주적 반역으로 인해 **어둠의 왕국이 탄생했습니다. 어둠 의 왕국** 은 타락한 천사(지금은 악마), 권세, 그리고 신의 뜻과 신의 백성에 대항하는 세력으로 구성된 영적 저항과 기만의 영역입니다.

어둠의 몰락과 형성

루시퍼가 항상 악했던 것은 아닙니다. 그는 지혜와 아름다움으로 완벽하게 창조되었습니다. 그러나 교만이 그의 마음에 들어왔고, 교만은 반역으로 이어졌습니다. 그는 하늘 천사 3분의 1을 속여 자신을 따르게 했고(요한계시록 12:4), 그들은 하늘에서 쫓겨났습니다. 인류에 대한 그들의 증오는 질투심에서 비롯됩니다. 인류는 하나님의 형상으로 창조되었고 통치권을 부여받았기 때문입니다.

빛의 왕국 과 **어둠의 왕국** 사이의 전쟁이 시작되었습니다. 이 보이지 않는 갈등은 모든 영혼, 모든 가정, 모든 국가에 영향을 미칩니다.

다크 킹덤의 글로벌 표현

눈에 보이지는 않지만 이 어둠의 왕국의 영향력은 다음 사항에 깊이 내재되어 있습니다.

- **문화적 전통** (조상 숭배, 피의 희생, 비밀 사회)
- **엔터테인먼트** (잠재의식적 메시지, 오컬트 음악 및 쇼)
- **거버넌스** (부패, 혈맹, 서약)
- **기술** (중독, 통제, 정신 조작 도구)
- **교육** (인본주의, 상대주의, 거짓 계몽)

아프리카의 주술에서 서양의 뉴에이지 신비주의, 중동의 진 숭배에서 남미의 샤머니즘에 이르기까지 그 형태는 다르지만 그 **정신은 똑같습니다**. 즉, 기만, 지배, 파괴입니다.

이 책이 지금 중요한 이유

사탄의 가장 큰 속임수는 사람들이 자신이 존재하지 않는다고 믿게 만드는 것입니다. 더 나쁜 경우, 자신의 방식이 무해하다고 믿게 만드는 것입니다.

이 신앙서적은 **영적 지성 매뉴얼 입니다**. 베일을 벗기고, 그의 계략을 폭로하고, 대륙 전역의 신자들에게 다음과 같은 능력을 부여합니다.

- 진입점을 **인식하세요**
- 숨겨진 언약을 **포기하다**
- 권위로 **저항하다**
- 도난당한 것을 **되찾다**

당신은 전투 속에서 태어났습니다

이 글은 겁이 많은 분들을 위한 묵상이 아닙니다. 당신은 놀이터가 아니라 전쟁터에서 태어났습니다. 하지만 좋은 소식은 **예수님께서 이미 전쟁에서 승리하셨다는 것입니다!**

"그분께서는 통치자들과 권세자들을 무장 해제하시고 공개적으로 부끄럽게 하셨으며, 그들을 그리스도 안에서 승리하셨습니다." - 골로새서 2:15

당신은 희생자가 아닙니다. 그리스도를 통해 당신은 정복자 그 이상입니다. 어둠을 드러내고 담대하게 빛 속으로 걸어갑시다.

주요 통찰력

어둠의 기원은 교만, 반역, 그리고 하나님의 통치에 대한 거부입니다. 이 씨앗들은 오늘날에도 여전히 사람들의 마음과 체제 속에서 활동하고 있습니다. 영적 전쟁을 이해하려면 먼저 반역이 어떻게 시작되었는지 이해해야 합니다.

반성 일지

- 나는 영적 전쟁을 미신으로 치부했는가?
- 고대의 반항과 관련이 있을 수 있는 어떤 문화적 또는 가족적 관행을 정상화했는가?
- 나는 정말로 내가 태어난 전쟁을 이해하고 있을까?

깨달음의 기도

하늘에 계신 아버지, 제 안팎으로 숨겨진 반역의 뿌리를 드러내 주소서. 제가 자신도 모르게 품고 있었던 어둠의 거짓을 드러내 주소서. 당신의 진리가 모든 어두운 곳에 비치게 하소서. 저는 빛의

왕국을 택합니다. 진리와 능력과 자유 안에서 걷기를 택합니다. 예수님의 이름으로 기도합니다. 아멘.

2장: 오늘날 어둠의 왕국이 어떻게 운영되는가

"사탄이 우리를 속이지 못하게 하려 함이니 우리가 그의 계략을 모르는 것이 아니니라." - 고린도후서 2:11

어둠의 왕국은 무질서하게 운영되지 않습니다. 군사 전략을 반영하는 잘 조직되고 겹겹이 쌓인 영적 기반 시설입니다. 어둠의 왕국의 목표는 침투하고, 조종하고, 통제하고, 궁극적으로 파괴하는 것입니다. 하나님의 왕국에 계급과 질서(사도, 선지자 등)가 있듯이, 어둠의 왕국에도 통치자들과 권세들과 어둠의 통치자들과 하늘에 있는 악의 영들이 있습니다(에베소서 6:12).

어둠의 왕국은 신화가 아닙니다. 민담이나 종교적 미신도 아닙니다. 그것은 사탄의 의도를 실현하기 위해 시스템, 사람, 심지어 교회까지 조종하는 영적 요원들의 보이지 않지만 실재하는 네트워크입니다. 많은 사람들이 쇠스랑과 붉은 뿔을 상상하지만, 이 왕국의 실제 운영은 훨씬 더 미묘하고 체계적이며 사악합니다.

1. **속임수가 그들의 화폐다**

원수는 거짓말을 통해 거래합니다. 에덴동산(창세기 3장)부터 오늘날의 철학에 이르기까지, 사탄의 전략은 항상 하나님의 말씀에 의심을 심는 데 집중되어 왔습니다. 오늘날 속임수는 다음과 같은 형태로 나타납니다.

- *계몽주의로 위장한 뉴에이지 교리*
- *문화적 자존심으로 위장된 신비주의적 관행*
- *음악, 영화, 만화, 소셜 미디어 트렌드에서 미화된 마법*

사람들은 자신도 모르게 영적인 문을 여는 의식에 참여하거나, 분별력 없이 미디어를 소비합니다.

2. **악의 계층 구조**

하나님의 왕국에 질서가 있는 것처럼, 어둠의 왕국은 정의된 위계에 따라 운영됩니다.

- **공국** - 국가와 정부에 영향을 미치는 영토 정신
- **능력** - 악마의 시스템을 통해 사악함을 강요하는 요원

48

- **어둠의 통치자들** - 영적 실명, 우상 숭배, 거짓 종교의 조정자들
- **높은 곳의 영적 사악함** - 글로벌 문화, 부, 기술에 영향을 미치는 엘리트 수준의 실체

각 악마는 두려움, 중독, 성적 변태, 혼란, 교만, 분열 등 특정한 임무에 특화되어 있습니다.

3. 문화적 통제의 도구

악마는 더 이상 물리적으로 나타날 필요가 없습니다. 이제 문화가 중요한 역할을 합니다. 오늘날 그의 전략은 다음과 같습니다.

- **잠재의식적 메시지:** 숨겨진 상징과 역전된 메시지로 가득한 음악, 쇼, 광고
- **둔감화:** 죄악(폭력, 누드, 욕설)에 반복적으로 노출되어 그것이 "정상"이 될 때까지
- **마인드 컨트롤 기술:** 미디어 최면, 감정 조작, 중독성 알고리즘을 통해

이는 우연이 아닙니다. 이는 도덕적 신념을 약화시키고, 가족을 파괴하고, 진실을 재정의하기 위해 고안된 전략입니다.

4. 세대 간 합의와 혈통

꿈, 의식, 헌신, 또는 조상 대대로 맺어진 계약 등을 통해 많은 사람들이 자신도 모르게 어둠과 결탁합니다. 사탄은 다음과 같은 것들을 이용합니다.

- 가족 제단과 조상 우상
- 영혼을 불러들이는 명명식
- 가족의 비밀스러운 죄악이나 저주가 전해져 내려왔다

예수의 피로 언약이 파기 될 때까지 고통을 받을 수 있는 법적 근거를 제공합니다.

5. 거짓 기적, 거짓 선지자

어둠의 왕국은 종교를 사랑합니다. 특히 진실과 힘이 부족한 종교라면 더욱 그렇습니다. 거짓 예언자, 유혹하는 영, 그리고 가짜 기적들이 대중을 속입니다.

"사탄도 자기를 빛의 천사로 가장하느니라." – 고린도후서 11:14

오늘날 많은 사람들은 귀를 간지럽히지만 영혼을 묶는 목소리를 따릅니다.

주요 통찰력

악마는 항상 큰 소리를 지르는 것은 아닙니다. 때로는 타협을 통해 속삭이기도 합니다. 어둠의 왕국의 가장 강력한 전략은 사람들을 은밀하게 노예로 만들면서도 자유롭다고 믿게 하는 것입니다.

성찰 일지:

- 여러분의 지역이나 국가에서 이런 작전을 본 적이 있나요?
- 당신이 정상화한 쇼, 음악, 앱 또는 의식 중에 실제로는 조작의 도구가 될 수 있는 것이 있나요?

자각과 회개의 기도:

주 예수님, 제 눈을 열어 원수의 활동을 보게 하소서. 제가 믿었던 모든 거짓말을 폭로해 주소서. 제가 알든 모르든 열어둔 모든 문을 용서해 주소서. 어둠과의 계약을 파기하고 당신의 진리와 능력과 자유를 택합니다. 예수님의 이름으로 기도합니다. 아멘.

3장: 진입점 - 사람들이 중독되는 방법

"마귀에게 틈을 주지 마십시오." - 에베소서 4:27

모든 문화, 세대, 그리고 가정에는 숨겨진 통로, 즉 영적인 어둠이 들어오는 관문이 있습니다. 이러한 입구는 처음에는 무해해 보일 수 있습니다. 어린 시절의 놀이, 가족 의례, 책, 영화, 해결되지 않은 트라우마처럼 말입니다. 하지만 일단 열리면 악마의 영향력을 위한 합법적인 근거가 됩니다.

일반적인 진입점

1. **혈통의 언약** - 악령에게 접근할 수 있는 길을 물려주는 조상의 맹세, 의식, 우상 숭배.
2. **어릴 때 신비주의에 노출됨** - 볼리비아의 *루르데스 발디비아* 의 이야기처럼, 마법, 영성주의 또는 신비주의 의식에 노출된 어린이는 종종 영적으로 손상됩니다.
3. **미디어 및 음악** - 어둠, 관능, 반항을 미화하는 노래와 영화는 미묘하게 영적인 영향을 불러일으킬 수 있습니다.

4. **트라우마와 학대** - 성적 학대, 폭력적 트라우마 또는 거부는 영혼을 억압적인 영에게 열어줄 수 있습니다.
5. **성적 죄악과 영혼의 유대감** - 불법적인 성적 결합은 종종 영적인 유대감과 영혼의 전이를 만들어냅니다.
6. **뉴에이지와 거짓 종교** - 수정, 요가, 영적 가이드, 운세, 그리고 "백마법"은 가려진 초대입니다.
7. **원통함과 용서하지 못함** - 이것들은 악령에게 합법적인 고통을 주는 권리를 부여합니다(마태복음 18:34 참조).

글로벌 간증 하이라이트: *루르데스 발디비아(볼리비아)*

루르드는 일곱 살이라는 어린 나이에 오랜 오컬트 신봉자였던 어머니로부터 마법을 접했습니다. 그녀의 집은 상징물, 묘지에서 가져온 유골, 그리고 마법 서적들로 가득했습니다. 그녀는 영체 투영, 목소리, 그리고 고통을 경험한 후 마침내 예수를 만나 자유를 얻었습니다. 그녀의 이야기는 어린 시절의 경험과 세대를 거쳐 온 영향이 어떻게 영적 속박으로 이어지는 문을 여는지 보여주는 수많은 이야기 중 하나입니다.

더 큰 착취 참조:

사람들이 "무해한" 활동을 통해 자신도 모르게 문을 열었다가 결국 어둠에 갇히게 된 이야기는 *Greater Exploits 14* 와 *Delivered from the Power of Darkness* 에서 찾아볼 수 있습니다. (부록 참조)

주요 통찰력

적은 거의 들이닥치지 않습니다. 문이 열리기만을 기다립니다. 무고하게 느껴지거나, 물려받은 것 같거나, 재밌게 느껴지는 것이 때로는 적에게 필요한 바로 그 문이 될 수 있습니다.

반성 일지

- 내 인생에서 어떤 순간이 영적인 진입점이 되었을까?
- 내가 버려야 할 "무해한" 전통이나 물건이 있을까?
- 과거나 가족의 관습에서 무언가를 포기해야 합니까?

포기의 기도

아버지, 저와 제 조상들이 어둠 속으로 열어놓았을지도 모르는 모든 문을 닫겠습니다. 모든 계약, 영혼의 끈, 그리고 불경스러운 것에 노출되는 것을 거부합니다. 예수님의 보혈로 모든 사슬을 끊습니다. 제 몸과 혼과 영이 오직 그리스도께만 속함을 선포합니다. 예수님의 이름으로 기도합니다. 아멘.

4장: 현상 - 소유에서 강박관념으로

"더러운 귀신이 사람에게서 나와서 물 없는 곳으로 다니며 쉴 곳을 구하되 얻지 못하고 이르되 내가 나온 집으로 돌아가리라 하거늘" - 마태복음 12:43

어둠의 왕국의 영향을 받게 되면, 악마의 접근 수준에 따라 나타나는 현상이 달라집니다. 영적인 적은 방문에 만족하지 않습니다. 그의 궁극적인 목표는 거주와 지배입니다.

현현의 수준

1. **영향력** - 적은 생각, 감정, 결정을 통해 영향력을 얻습니다.
2. **억압** - 외부의 압박, 무거움, 혼란, 고통이 있습니다.
3. **강박관념** - 개인이 어두운 생각이나 강박적인 행동에 집착하게 됩니다.
4. **빙의** - 드물지만 실제로 일어나는 사례로, 악마가 거주하여 사람의 의지, 목소리 또는 신체를 무시하는 경우가 있습니다.

현상의 정도는 종종 영적 타협의 깊이와 관련이 있습니다.

현현의 글로벌 사례 연구

- **아프리카:** 영적 남편/아내, 광기, 의례적 노예의 경우.
- **유럽:** 뉴에이지 최면, 영적 투사, 정신 분열.
- **아시아:** 조상의 영혼의 유대, 환생의 함정, 혈통의 서약.
- **남미:** 샤머니즘, 영적 가이드, 심령 독서 중독.
- **북미:** 미디어 속의 마법, "무해한" 운세, 물질 관문.
- **중동:** 진과의 만남, 피의 맹세, 예언적 위조품.

각 대륙은 동일한 악마적 시스템을 독특한 방식으로 위장하고 있으며, 신자들은 그 표징을 인식하는 법을 배워야 합니다.

악마 활동의 일반적인 증상

- 반복되는 악몽이나 수면 마비
- 목소리 또는 정신적 고통

- 강박적인 죄와 반복적인 타락
- 설명할 수 없는 질병, 두려움 또는 분노
- 초자연적인 힘이나 지식
- 영적인 것에 대한 갑작스러운 혐오감

주요 통찰력

우리가 "정신적", "감정적", 또는 "의학적" 문제라고 부르는 것들이 때로는 영적인 문제일 수 있습니다. 항상 그런 것은 아니지만, 분별력이 매우 중요한 경우가 많습니다.

반성 일지

- 본질적으로 영적인 것으로 보이는 반복적인 갈등을 느낀 적이 있나요?
- 우리 가족 내에 파괴의 세대적 패턴이 있는가?
- 나는 어떤 종류의 미디어, 음악, 또는 관계를 내 삶에 허용하고 있는가?

포기의 기도

주 예수님, 제 삶 속의 모든 숨겨진 약속, 열린 문, 그리고 불경건한 언약을 버립니다. 당신께 속하지 않은 모든 것과의 관계를, 고의로든 무의식적으로든

끊습니다. 성령의 불이 제 삶 속의 모든 어둠의 흔적을 태워 없애도록 청합니다. 저를 완전히 자유롭게 하소서. 당신의 강력한 이름으로 기도합니다. 아멘.

제5장 말씀의 능력 - 믿는 자의 권위

"보라 내가 너희에게 뱀과 전갈을 밟고 원수의 모든 권세를 제어할 권세를 주노니 아무 것도 결코 너희를 해치지 못하리라" - 누가복음 10:19

많은 신자들이 자신이 지닌 빛을 이해하지 못하기 때문에 어둠을 두려워하며 살아갑니다. 그러나 성경은 **하나님의 말씀이 단순한 칼**(에베소서 6:17) **이 아니라 불**(예레미야 23:29)이며, 망치이자 씨앗이자 생명 그 자체라고 밝힙니다. 빛과 어둠의 싸움에서 말씀을 알고 선포하는 자들은 결코 희생자가 되지 않습니다.

이 힘은 무엇인가?

믿는 자들이 지닌 능력은 **위임된 권한 입니다** . 배지를 단 경찰관처럼, 우리는 자신의 힘으로가 아니라 **예수님의 이름** 과 하나님의 말씀으로 서 있습니다. 예수님께서 광야에서 사탄을 물리치셨을 때, 그분은 소리치거나 울거나 당황하지 않으셨습니다. 그분은 단지 *"기록되었으니"* 라고 *말씀하셨습니다.*

이는 모든 영적 전쟁의 패턴입니다.

왜 많은 그리스도인들이 여전히 패배를 겪고 있는가

1. **무지** – 그들은 자신의 정체성에 관해 말씀이 무엇을 말하는지 모릅니다.
2. **침묵** – 그들은 상황에 대해 하나님의 말씀을 선포하지 않습니다.
3. **불일치** – 그들은 죄의 악순환에 빠져서 신뢰와 접근성이 떨어집니다.

더 깊이 믿고 담대하게 **선언하는** 것입니다.

행동하는 권위 - 글로벌 스토리

- **나이지리아:** 사이비 종교에 갇힌 어린 소년이 어머니가 매일 밤 그의 방에 기름을 붓고 시편 91편을 낭송하자 구원을 받았습니다.
- **미국:** 한 전직 위칸이 동료가 몇 달 동안 매일 자신의 직장에서 조용히 성경을 선포한 후 마법을 포기했습니다.
- **인도:** 한 신자가 끊임없는 흑마법 공격에 맞서면서도 이사야 54:17을 선포했습니다. 공격은 멈췄고, 공격자는 자백했습니다.

- **브라질:** 한 여성이 자살 생각을 떨쳐버리고 로마서 8장의 매일 고백을 실천한 뒤 초자연적인 평화 속에서 걷기 시작했습니다.

말씀은 살아 있습니다. 우리의 완벽함이 필요하지 않습니다. 오직 우리의 믿음과 고백만 필요합니다.

전쟁에서 말씀을 사용하는 방법

1. 정체성, 승리, 보호와 관련된 **성경구절을 암기하세요**.
2. **말씀을 큰 소리로 말하십시오**.
3. **기도에 사용하여** 상황에 대한 하나님의 약속을 선포하십시오.
4. **금식하고** 말씀을 닻으로 삼아 기도하십시오(마태복음 17:21).

전쟁을 위한 기본 성경

- *고린도후서 10:3-5* - 견고한 진을 무너뜨리다
- *이사야 54:17* - 어떤 무기도 형통하지 못할 것이다
- *누가복음 10:19* - 원수에 대한 권세
- *시편 91편* - 하나님의 보호
- *요한계시록 12:11* - 피와 증거로 이김

주요 통찰력

믿음으로 전해지는 하나님의 말씀은 하나님의 입에 있는 말씀만큼이나 강력합니다.

반성 일지

- 나는 신자로서의 영적 권리를 알고 있는가?
- 오늘 나는 어떤 성경구절을 적극적으로 믿고 있는가?
- 나는 두려움이나 무지로 인해 내 권위가 침묵하게 되었는가?

권능을 위한 기도

아버지, 그리스도 안에서 제가 가진 권세를 볼 수 있도록 눈을 열어주소서. 담대함과 믿음으로 당신의 말씀을 다루도록 가르쳐 주소서. 두려움과 무지가 지배하던 곳에 계시가 임하게 하소서. 오늘 저는 성령의 검으로 무장한 하나님의 자녀로서 서 있습니다. 말씀을 전하고 승리 안에 굳건히 서겠습니다. 원수를 두려워하지 않겠습니다. 내 안에 계신 분이 더 크시기 때문입니다. 예수님의 이름으로 기도합니다. 아멘.

1일차: 혈통과 문 - 가족 사슬을 끊다

"우리 조상들은 죄를 지었고 더 이상 존재하지 않으며 우리는 그들의 형벌을 지고 있습니다." - 애가 5:7

당신은 구원받았을지 몰라도, 당신의 혈통은 여전히 역사를 가지고 있습니다. 그리고 오래된 언약이 깨질 때까지, 그 혈통은 계속해서 말을 합니다.

모든 대륙에는 숨겨진 제단, 조상 대대로 내려오는 계약, 비밀 서약, 그리고 물려받은 불의가 존재하며, 이는 구체적으로 해결될 때까지 여전히 지속됩니다. 증조부모 세대에서 시작된 것이 오늘날 아이들의 운명을 좌우할지도 모릅니다.

글로벌 표현

- **아프리카** - 가족신, 신탁, 대대로 이어져 온 마법, 피의 희생.
- **아시아** - 조상 숭배, 환생의 유대, 카르마의 사슬.

- **라틴 아메리카** – 산테리아, 죽음의 제단, 샤머니즘의 피의 맹세.
- **유럽** – 프리메이슨, 이교도의 뿌리, 혈통 협정.
- **북미** – 뉴에이지 유산, 프리메이슨 혈통, 신비로운 대상.

누군가가 일어나서 "그만!"이라고 말할 때까지 저주는 계속됩니다.

더 깊은 간증 - 뿌리로부터의 치유

『위대한 업적들』 14권을 읽은 후, 자신의 만성 유산과 설명할 수 없는 고통이 할아버지의 사제직과 연관되어 있음을 깨달았습니다. 그녀는 수년 전에 그리스도를 영접했지만, 가족 성약에 대해서는 전혀 다루지 않았습니다.

3일간의 기도와 금식 후, 그녀는 갈라디아서 3장 13절을 인용하며 특정 가보를 파괴하고 언약을 포기하도록 인도받았습니다. 바로 그 달에 그녀는 임신하여 만삭까지 아이를 낳았습니다. 오늘날 그녀는 치유와 구원 사역을 이끌고 있습니다.

"어둠의 권세에서 구원받다"라는 책에 나오는 인물로, 증조부로부터 비밀리에 물려받은 프리메이슨의 저주를 풀고 자유를 찾았습니다. 그는 이사야 49장 24-26절과 같은 성경 구절을 적용하고 구원 기도를 드리기 시작하면서 정신적 고통이 사라지고 가정에 평화가 찾아왔습니다.

이런 이야기들은 우연이 아닙니다. 이는 행동으로 드러난 진실의 증거입니다.

행동 계획 - 가족 목록

1. 알려진 모든 가족 신념, 관행, 소속(종교적, 신비적, 비밀 사회 등)을 적어 보세요.
2. 하느님께 숨겨진 제단과 계약에 대한 계시를 구하십시오.
3. 우상 숭배나 신비주의적 관행과 관련된 모든 물건을 기도하는 마음으로 파괴하고 버리십시오.
4. 인도를 받고 아래의 성경 말씀을 사용하여 법적 근거를 깨뜨리십시오.
    - *레위기 26:40-42*
    - *이사야 49:24-26*
    - *갈라디아서 3:13*

그룹 토론 및 응용

- 무해하다고 간과되기 쉽지만 영적으로 위험할 수 있는 흔한 가족 관행에는 어떤 것이 있습니까?
- 필요한 경우 구성원들에게 혈통에 있는 꿈, 사물 또는 반복되는 주기를 익명으로 공유하도록 요청합니다.
- 집단적인 포기 기도 – 각 사람이 포기하고 싶은 가족이나 문제의 이름을 말할 수 있습니다.

사역 도구: 기름 부음. 성찬식. 모임을 인도하여 각 가계를 그리스도께 헌신하는 언약 기도를 드립니다.

주요 통찰력

거듭남은 당신의 영혼을 구원합니다. 가족 성약을 깨뜨리는 것은 당신의 운명을 지켜줍니다.

반성 일지

- 우리 가족에는 무슨 유전병이 있는 걸까? 나를 멈추게 할 수 있는 건 무엇일까?
- 우리 집에서 사라져야 할 물건, 이름 또는 전통이 있나요?
- 내 조상들이 열어준 문 중에 내가 닫아야 할 문은 무엇일까?

해방의 기도

주 예수님, 더 나은 것을 말씀하시는 당신의 피에 감사드립니다. 오늘 저는 모든 숨겨진 제단, 가족 언약, 그리고 물려받은 속박을 버립니다. 제 혈통의 사슬을 끊고 새로운 피조물임을 선포합니다. 제 삶과 가족, 그리고 운명은 이제 오직 당신께만 속합니다. 예수님의 이름으로 기도합니다. 아멘.

2일차: 꿈의 침략 - 밤이 전쟁터가 될 때

"사람들이 잠들어 있는 사이에 그의 원수가 와서 밀 가운데 가라지를 뿌리고 가 버렸습니다." - 마태복음 13:25

많은 사람들에게 가장 큰 영적 전쟁은 깨어 있는 동안이 아니라 잠들어 있을 때 일어납니다.

꿈은 단순한 뇌 활동이 아닙니다. 경고, 공격, 계약, 그리고 운명이 오가는 영적인 통로입니다. 적은 잠을 조용한 전쟁터로 삼아 두려움, 욕망, 혼란, 그리고 지연을 심어놓습니다. 대부분의 사람들이 그 전쟁을 인지하지 못하기 때문에 이 모든 것에는 저항이 없습니다.

글로벌 표현

- **아프리카** - 영적인 배우자, 뱀, 꿈속에서의 식사, 가장 무도회.
- **아시아** - 조상과의 만남, 죽음의 꿈, 업보의 고통.

- **라틴 아메리카** – 동물적인 악마, 그림자, 수면 마비.
- **북미** – 영적 투사, 외계인의 꿈, 트라우마 재생.
- **유럽** – 고트족의 표현, 성적 악마(인큐버스/ 서큐버스), 영혼의 파편화.

사탄이 당신의 꿈을 조종할 수 있다면, 그는 당신의 운명에도 영향을 미칠 수 있습니다.

증언 – 야간 공포에서 평화로

영국의 한 젊은 여성이 『전 사탄숭배자: 제임스 익스체인지』를 읽고 이메일을 보냈습니다. 그녀는 수년간 쫓기거나, 개에게 물리거나, 낯선 남자와 잠자리를 같이하는 꿈에 시달렸고, 그 꿈들은 항상 현실에서 좌절로 이어졌다고 털어놓았습니다. 그녀의 인간관계는 실패했고, 취업 기회는 사라졌으며, 끊임없이 지쳐 있었습니다.

금식과 욥기 33장 14-18절 같은 성경 구절을 공부하면서 그녀는 하나님께서 종종 꿈을 통해 말씀하신다는 것을 깨달았습니다. 하지만 원수도 마찬가지입니다. 그녀는 머리에 기름을 바르고,

잠에서 깨자마자 악한 꿈을 소리 내어 외치며 꿈 일기를 쓰기 시작했습니다. 점차 그녀의 꿈은 더욱 선명하고 평화로워졌습니다. 현재 그녀는 꿈에 대한 공포증으로 고통받는 젊은 여성들을 위한 지원 모임을 이끌고 있습니다.

나이지리아의 한 사업가는 유튜브 증언을 듣고 매일 밤 음식을 받는 꿈이 주술과 관련이 있음을 깨달았습니다. 꿈에서 음식을 받을 때마다 사업에 문제가 생겼습니다. 그는 꿈에서 음식을 바로 거부하고 잠자리에 들기 전 방언으로 기도하는 법을 배웠고, 이제는 대신 신의 전략과 경고를 보게 되었습니다.

행동 계획 - 야간 감시 강화

1. **잠자리에 들기 전:** 성경을 큰 소리로 읽으세요. 예배를 드리고, 머리에 기름을 바르세요.
2. **꿈 일기:** 잠에서 깨자마자 좋은 꿈이든 나쁜 꿈이든 모든 꿈을 기록하세요. 성령께 해석을 구하세요.
3. **거부하고 포기하세요:** 꿈에 성적 행위, 죽은 친척, 식사 또는 속박이 포함되어 있다면 즉시 기도를 통해 거부하세요.

4. **성경 전쟁:**
    - *시편 4:8* – 평화로운 잠
    - *욥기 33:14-18* – 하나님은 꿈을 통해 말씀하십니다
    - *마태복음 13:25* – 원수가 가라지를 뿌리다
    - *이사야 54:17* – 너희를 대적하여 무기를 만들지 아니하리라

그룹 신청

- 최근 꿈을 익명으로 공유하세요. 그룹원들이 꿈의 패턴과 의미를 분별하게 하세요.
- 회원들에게 말로 악한 꿈을 물리치는 법과 기도로 좋은 꿈을 봉인하는 법을 가르쳐 주세요.
- 단체 선언: "예수의 이름으로, 우리는 꿈속에서 악마의 거래를 금지합니다!"

사역 도구:

- 꿈 일기를 쓰기 위해 종이와 펜을 가져오세요.
- 집과 침대에 기름을 바르는 방법을 보여주세요.

- 밤의 언약을 확인하는 성찬을 베푸세요.

주요 통찰력

꿈은 신성한 만남으로 가는 관문이 될 수도 있고, 악마의 함정에 빠질 수도 있습니다. 분별력이 중요합니다.

반성 일지

- 나는 어떤 종류의 꿈을 꾸준히 꾸었는가?
- 나는 내 꿈을 되돌아볼 시간을 갖는가?
- 꿈이 내가 무시한 것에 대해 경고하고 있는 걸까?

야간 경비의 기도

아버지, 제 꿈을 당신께 바칩니다. 어떤 악한 힘도 제 잠에 개입하지 못하게 하소서. 꿈속에서 모든 악마의 언약, 성적인 더러움, 그리고 조종을 거부합니다. 잠자는 동안 하나님의 방문과 하늘의 가르침, 그리고 천사의 보호를 받습니다. 제 밤이 평화와 계시, 그리고 능력으로 가득 차게 하소서. 예수님의 이름으로 기도합니다. 아멘.

3일차: 영적 배우자 – 운명을 묶는 불경스러운 결합

"너를 만드신 이는 네 남편이시니 만군의 여호와가 그 이름이시니라" – 이사야 54:5

"그들은 자기 아들딸을 마귀에게 제사하였느니라" – 시편 106:37

많은 사람이 결혼 생활의 돌파구를 간절히 바라지만, 그들이 깨닫지 못하는 것은 그들이 이미 **영적인 결혼 생활을 하고 있다는 사실입니다**. 그들은 결코 동의하지 않은 결혼 생활이죠.

이러한 **계약은 꿈, 희롱, 피의 의식, 포르노, 조상의 맹세, 또는 악마의 전이를 통해 형성됩니다**. 영혼 배우자(남성은 인큐버스, 여성은 서큐버스)는 상대방의 신체, 친밀감, 그리고 미래에 대한 법적 권리를 갖게 되며, 종종 관계를 방해하고, 가정을 파괴하고, 유산을 유발하고, 중독을 조장합니다.

글로벌 매니페스테이션

- **아프리카** – 바다의 정령(마미 와타), 물의 왕국에서 온 정령의 아내/남편.
- **아시아** – 천상의 결혼, 카르마적 소울메이트 저주, 환생한 배우자.
- **유럽** – 마녀사냥 연합, 프리메이슨이나 드루이드 뿌리의 악마적 연인.
- **라틴 아메리카** – 산테리아 결혼, 사랑의 주문, 계약에 따른 "영혼의 결혼".
- **북미** – 포르노에 의한 영적 통로, 뉴에이지 섹스 영혼, 인큐버스와의 만남의 표현으로서의 외계인 납치.

실제 이야기 – 결혼의 자유를 위한 싸움

나이지리아 톨루.
톨루는 32세에 미혼이었습니다. 약혼할 때마다 남자가 갑자기 사라지곤 했습니다. 그녀는 끊임없이 성대한 결혼식을 꿈꿨습니다. 《그레이터 익스플로잇 14》에서 그녀는 자신의 경우가 그곳에서 공유된 간증과 일치한다는 것을 깨달았습니다. 3일 동안 금식하고 자정에 매일 밤 전쟁 기도를 함으로써 영혼의 끈을 끊고 자신을 사로잡았던 바다의 악령을 몰아냈습니다. 오늘날 그녀는 결혼하여 다른 사람들에게 상담을 하고 있습니다.

리나, 필리핀

리나는 밤에 종종 "존재"가 자신에게 함께하는 것을 느꼈습니다. 그녀는 자신이 환상이라고 생각했지만, 아무런 이유 없이 다리와 허벅지에 멍이 들기 시작했습니다. 목사님은 영적인 배우자를 알아보았습니다. 그녀는 과거의 낙태와 포르노 중독을 고백한 후 구원을 받았습니다. 지금은 지역사회의 젊은 여성들이 비슷한 패턴을 발견하도록 돕고 있습니다.

행동 계획 - 언약 깨기

1. 성적 죄, 영혼의 유대, 신비주의 노출, 조상 의례 등을 **고백 하고 회개하세요.**
2. **거부하세요** . 이름이 밝혀지면 거부하세요.
3. 이사야 54장과 시편 18장을 핵심 성경으로 삼아 3일간(또는 인도에 따라) **금식하세요** .
4. 과거 연인이나 오컬트적 관계에 연관된 반지, 옷, 선물 등 물리적인 물건을 **파괴하세요** .
5. **큰 소리로 선언하세요** :

저는 어떤 영과도 결혼하지 않았습니다. 저는 예수 그리스도와 언약을 맺었습니다. 제 몸과 혼과 영 안에 있는 모든 악령의 결합을 거부합니다!

성경 도구

- 이사야 54:4-8 - 당신의 참된 남편이신 하나님
- 시편 18편 - 죽음의 줄을 끊으심
- 고린도전서 6:15-20 - 여러분의 몸은 주님의 것입니다
- 호세아 2:6-8 - 경건하지 못한 언약을 깨뜨리는 것

그룹 신청

- 그룹 구성원들에게 질문해 보세요: 결혼식, 낯선 사람과의 섹스, 밤에 나타나는 그림자 같은 인물에 대한 꿈을 꾼 적이 있나요?
- 영적 배우자의 집단 포기를 이끄세요.
- "천국의 이혼 법정" 롤플레잉 - 각 참가자는 기도를 통해 하나님 앞에 영적인 이혼을 신청합니다.

- 정화, 번식, 움직임의 상징으로 머리, 배, 발에 기름을 바릅니다.

주요 통찰력

악마의 결혼은 실제로 존재합니다. 하지만 예수님의 피로 깨지지 않을 영적인 결합은 없습니다.

반성 일지

- 결혼이나 섹스에 대한 꿈을 반복적으로 꾸었는가?
- 내 인생에는 거부, 지연 또는 유산의 패턴이 있는가?
- 나는 나의 몸, 성(性), 그리고 미래를 하나님께 온전히 바칠 의지가 있는가?

구원의 기도

하늘에 계신 아버지, 저는 알려졌든 알려지지 않았든 모든 성적인 죄를 회개합니다. 제 생명을 빼앗는 모든 영적 배우자, 바다의 정령, 그리고 오컬트 결혼을 거부하고 단념합니다. 예수님의 보혈의 능력으로 모든 언약, 꿈의 씨앗, 그리고 영혼의 끈을 끊습니다. 저는 그리스도의 신부이며

*그분의 영광을 위해 구별되었음을 선포합니다.
예수님의 이름으로 자유로이 나아갑니다. 아멘.*

4일차: 저주받은 물건들 - 더럽히는 문들

"너는 가증한 것을 네 집에 들이지 말라. 그러면 너도 그것과 같이 저주를 받을 것이다." - 신명기 7:26

많은 사람들이 무시하는 숨겨진 항목

모든 소유물이 그저 소유물인 것은 아닙니다. 어떤 것들은 역사를 담고 있고, 어떤 것들은 영혼을 담고 있습니다. 저주받은 물건은 우상이나 유물뿐만 아니라 책, 보석, 조각상, 상징물, 선물, 옷, 심지어 한때 어둠의 세력에 바쳐졌던 가보일 수도 있습니다. 당신의 선반, 손목, 벽에 걸려 있는 것들은 당신 삶에서 고통의 시작점이 될 수 있습니다.

글로벌 관찰

- **아프리카** : 마녀 의사나 조상 숭배와 관련된 호리병박, 장신구, 팔찌.
- **아시아** : 부적, 십이지신상, 사원 기념품.

- **라틴 아메리카** : 산테리아 목걸이, 인형, 영혼이 새겨진 양초.
- **북미** : 타로 카드, 위자보드, 드림캐처, 공포 기념품.
- **유럽** : 이교 유물, 신비주의 서적, 마녀를 주제로 한 액세서리.

유럽의 한 부부는 발리에서 휴가를 마치고 돌아온 후 갑작스러운 질병과 영적 억압을 겪었습니다. 그들은 자신도 모르게 지역 바다의 신에게 바쳐진 조각상을 구입했습니다. 기도와 분별력 끝에 그들은 그 물건을 꺼내 불태웠습니다. 그러자 곧바로 평화가 찾아왔습니다.

그레이터 익스플로이츠 의 또 다른 여성은 설명할 수 없는 악몽에 시달렸다고 증언했는데, 그녀의 이모에게서 선물받은 목걸이가 실제로는 신사에 봉헌된 영적 감시 장치라는 사실이 밝혀졌습니다.

집을 물리적으로만 청소하는 것이 아니라, 정신적으로도 청소해야 합니다.

증언: "나를 지켜보던 인형"

앞서 남미에서 우리가 이야기했던 루르드 발디비아는 가족 축하 행사에서 도자기 인형을 선물받았습니다. 어머니가 신비로운 의식을 통해 그 인형을 봉헌했던 것입니다. 인형이 방으로 들어온 그날 밤부터 루르드는 목소리가 들리고, 수면 마비를 겪고, 밤에는 형체가 보이기 시작했습니다.

한 그리스도인 친구가 그녀와 함께 기도하고 성령께서 그 인형의 기원을 밝혀주신 후에야 그녀는 그 인형을 제거할 수 있었습니다. 그러자 즉시 악령의 존재가 떠났습니다. 이것이 그녀의 각성, 즉 억압에서 해방으로의 시작이었습니다.

행동 계획 - 주택 및 심장 감사

1. 기름부음 기름과 말씀을 가지고 집안의 **모든 방을 돌아다니십시오**.
2. **성령께서** 하나님의 것이 아닌 물건이나 은사를 강조해 주시도록 기도하세요.
3. 신비주의, 우상 숭배, 부도덕과 관련된 물건을 **태우거나 버리십시오**.
4. **모든 문을 닫으세요**.
    - 신명기 7:26
    - 사도행전 19:19
    - 고린도후서 6:16-18

그룹 토론 및 활성화

- 여러분의 삶에 특별한 영향을 미친 물건이나 선물이 있다면 공유해 보세요.
- 함께 "집 청소 체크리스트"를 만들어 보세요.
- (허가를 받은 후) 파트너에게 서로의 집 환경을 통해 기도하도록 배정하세요.
- 지역 구원 사역자를 초대하여 예언적 가정 정화 기도를 인도해 보세요.

사역에 필요한 도구: 기름 부음, 예배 음악, 쓰레기 봉지(실제 폐기용), 폐기할 물품을 담는 방화 용기.

주요 통찰력

당신이 당신의 공간에서 허용하는 것은 당신의 삶에 영이 들어올 수 있도록 해줍니다.

반성 일지

- 내 집이나 옷장에 있는 물건 중 영적인 기원이 불분명한 것은 무엇인가?

- 나는 정서적 가치 때문에 그것을 붙잡고 있었는데, 이제 그것을 버려야 하는 걸까?
- 나는 성령을 위해 내 공간을 거룩하게 할 준비가 되었는가?

정화의 기도

주 예수님, 제 집에 있는 당신께 속하지 않은 모든 것을 성령께서 드러내 주시기를 간구합니다. 어둠에 얽매였던 모든 저주받은 물건, 선물, 물건을 버립니다. 제 집을 거룩한 땅으로 선포합니다. 당신의 평화와 순결이 이곳에 거하게 하소서. 예수님의 이름으로 기도합니다. 아멘.

5일차: 매혹과 속임 – 점술의 영에서 벗어나다

지극히 높으신 하나님의 종으로서 우리에게 구원의 길을 전하는 자들이니라." - 사도행전 16:17 (NKJV)
"바울이 심히 노하여 돌아서서 그 귀신에게 이르되, 내가 예수 그리스도의 이름으로 네게 명하노니

그에게서 나오라 하매 귀신이 바로 그 시간에
나오니라." - *사도행전 16:18*

예언과 점술 사이에는 얇은 경계선이 있는데,
오늘날 많은 사람들이 그 경계선을 모르고
넘나듭니다.

유튜브 선지자들이 "개인적인 말"에 비용을
청구하는 것부터 소셜 미디어 타로 점쟁이들이 성경
구절을 인용하는 것까지, 세상은 영적인 소음의
장터가 되었습니다. 그리고 안타깝게도 많은
신자들이 자신도 모르게 오염된 시냇물을 마시고
있습니다.

점술의 영은 성령을 흉내 냅니다. 아첨하고,
유혹하고, 감정을 조종하고, 희생자들을 통제의
그물에 가둡니다. 그 목표는 무엇일까요? **영적으로
얽매이고, 속이고, 노예로 만드는 것입니다.**

점술의 세계적 표현

- **아프리카** - 신탁, 이파 사제, 물의 정령 영매, 예언 사기.
- **아시아** - 손금보는 사람, 점성가, 조상을 보는 사람, 환생 "예언자".

- **라틴 아메리카** – 산테리아 예언자, 마법을 부리는 사람, 어둠의 힘을 가진 성인.
- **유럽** – 타로 카드, 투시력, 영매, 뉴에이지 채널링.
- **북미** – "기독교" 심령술사, 교회의 수비학, 천사 카드, 성령으로 위장한 영적 가이드.

위험한 것은 그들이 하는 말뿐만 아니라 그 말 뒤에 숨은 **정신 입니다** .

간증: 투시력자에서 그리스도로

한 미국 여성이 유튜브에 올린 증언에 따르면, 자신이 "기독교 여선지자"에서 점술의 영에 사로잡혔다는 사실을 깨닫게 된 사연이 있습니다. 그녀는 환상을 선명하게 보고, 자세한 예언의 말씀을 전하며, 온라인에서 많은 사람들을 끌어모았습니다. 하지만 그녀는 우울증과 악몽에 시달렸고, 매 세션 후마다 속삭이는 목소리에 시달렸습니다.

사도행전 16장 에 대한 가르침을 시청하던 중, 저울이 떨어졌습니다. 그녀는 자신이 성령님께 순종한 적이 없고, 오직 은사에만 순종했다는 것을 깨달았습니다. 깊은 회개와 구원을 경험한 후,

그녀는 천사 카드와 의식으로 가득 찬 금식 일기를 모두 없앴습니다. 오늘날 그녀는 더 이상 "말씀"이 아닌 예수님을 전합니다.

행동 계획 - 영을 시험하다

1. **그리스도** 께로 이끄는가 , 아니면 그것을 주는 **사람 에게로 이끄는가?**
2. *요한일서 4:1-3을* 참고하여 모든 영을 시험해 보세요 .
3. 심령적, 신비적, 또는 위조된 예언적 관행에 연루된 모든 사실을 회개하십시오.
4. 거짓 선지자, 점쟁이, 마법 교사(온라인에서도 마찬가지)와의 모든 영혼적 유대를 끊으세요.
5. 담대하게 선언하세요:

"나는 모든 거짓된 영을 거부합니다. 나는 오직 예수님께만 속했습니다. 내 귀는 그분의 음성에 맞춰져 있습니다!"

그룹 신청

- 토론: 나중에 거짓으로 판명된 예언자나 영적 지도자를 따른 적이 있나요?
- 그룹 연습: 회원들이 점성술, 영혼 판독, 심령 게임, 그리스도에 뿌리를 두지 않은 영적 영향력 등 특정 관행을 포기하도록 이끄세요.
- 성령을 초대하세요: 10분 동안 침묵하며 경청하세요. 그리고 하나님께서 무엇을 계시하시는지 나눠보세요.
- 책, 앱, 비디오, 메모 등 점술과 관련된 디지털/물리적 항목을 태우거나 삭제하세요.

사역 도구:
구원 기름, 십자가(복종의 상징), 상징적 물건을 버리는 통/양동이, 성령을 중심으로 한 찬양 음악.

주요 통찰력

모든 초자연적인 일이 하나님에게서 오는 것은 아닙니다. 참된 예언은 조작이나 화려한 볼거리가 아니라 그리스도와의 친밀함에서 흘러나옵니다.

반성 일지

- 나는 초능력이나 조종적인 영적 수행에 끌린 적이 있는가?
- 나는 하나님의 말씀보다 "말"에 더 중독되어 있는가?
- 내가 접하게 한 목소리 중에 지금은 침묵해야 할 목소리는 무엇인가?

구원의 기도

아버지, 저는 모든 점술, 조종, 그리고 거짓 예언의 영과 결별합니다. 당신의 음성 없이 인도를 구했던 것을 회개합니다. 제 마음과 영혼, 그리고 영을 깨끗하게 하소서. 당신의 영으로만 행하도록 가르쳐 주소서. 제가 알고 있든 모르든, 신비주의에 열어 두었던 모든 문을 닫겠습니다. 예수님이 저의 목자이심을 선포하며, 오직 그분의 음성만 듣습니다. 예수님의 강력한 이름으로 기도합니다. 아멘.

6일차: 눈의 문 - 어둠의 문을 닫다

"눈은 몸의 등불이니 네 눈이 성하면 온 몸이 밝을 것이요."
- *마태복음 6:22 (NIV)*

"나는 내 눈앞에 악한 것을 두지 아니하리니…" - *시편 101:3 (KJV)*

영적인 세계에서 **당신의 눈은 문입니다.** 눈을 통해 들어오는 것은 영혼에 영향을 미칩니다. 순수함이나 오염 여부가 결정됩니다. 원수는 이를 알고 있습니다. 그렇기 때문에 미디어, 이미지, 포르노, 공포 영화, 오컬트 상징, 패션 트렌드, 그리고 매혹적인 콘텐츠가 전쟁터가 된 것입니다.

당신의 주의를 끌기 위한 전쟁은 당신의 영혼을 끌기 위한 전쟁이다.

많은 사람이 "무해한 오락"이라고 여기는 것은 종종 정욕, 두려움, 조작, 자존심, 허영심, 반항, 심지어 악마적인 애착을 불러일으키는 암호화된 초대장일 뿐입니다.

시각적 어둠의 글로벌 관문

- **아프리카** - 의식 영화, 마법과 일부다처제를 정상화하는 놀리우드 주제.
- **아시아** - 영적 차원문, 매혹적인 영혼, 영적 여행이 등장하는 애니메이션과 만화.
- **유럽** - 고딕 패션, 공포 영화, 뱀파이어 집착, 사탄주의 예술.
- **라틴 아메리카** - 마법, 저주, 복수를 미화하는 텔레노벨라.
- **북미** - 주류 매체, 뮤직 비디오, 포르노, "귀여운" 악마 만화.

당신이 지속적으로 바라보는 것, 즉 사물에 무감각해지는 것은 바로 당신입니다.

스토리: "내 아이를 저주한 만화"

미국의 한 어머니는 다섯 살배기 아이가 밤에 울부짖고 이상한 그림을 그리는 것을 보았습니다. 기도 후, 성령께서 아들이 몰래 보고 있던 만화를 그녀에게 보여주셨습니다. 그 만화에는 그녀가 미처 알아채지 못했던 주문, 말하는 영, 상징들이 가득했습니다.

그녀는 프로그램을 삭제하고 집과 화면에 기름을 부었습니다. 며칠 밤 자정 기도와 시편 91편을 읽은 후, 공격은 멈췄고, 소년은 평화롭게 잠들기 시작했습니다. 그녀는 현재 부모들이 자녀의 시각 장애를 예방하도록 돕는 지원 단체를 이끌고 있습니다.

행동 계획 - 눈의 관문 정화

1. **미디어 감사를** 해보세요. 무엇을 보고 있나요? 무엇을 읽고 있나요? 무엇을 스크롤하고 있나요?
2. 신앙이 아닌 육신에 충실하게 하는 구독이나 플랫폼을 취소하세요.
3. 시편 101:3을 선포하며 눈과 방패에 기름을 바르십시오.
4. 쓰레기 같은 글을 경건한 의견으로 바꾸세요. 다큐멘터리, 예배, 순수한 오락거리 등이 있습니다.
5. 선언하다:

"나는 내 눈앞에 어떤 악한 것도 두지 않을 것이다. 나의 비전은 오직 하나님께 있다."

그룹 신청

- 도전과제: 7일간의 아이 게이트 단식 – 유해한 미디어 사용 금지, 쓸데없는 스크롤 금지.
- 공유하기: 성령께서 어떤 콘텐츠를 보지 말라고 하셨나요?
- 운동: 눈에 손을 얹고 시각적으로 더럽혀진 모든 것(예: 음란물, 공포, 허영심)을 버리세요.
- 활동: 회원들에게 앱을 삭제하고, 책을 태우고, 시력을 손상시키는 물건을 버리도록 권유합니다.

도구: 올리브 오일, 책임감 앱, 성경 화면보호기, 눈물 기도 카드.

주요 통찰력

당신이 악마의 유혹에 넘어가면 악마를 제압할 수 있는 권위를 행사할 수 없습니다.

반성 일지

- 내 눈에 어둠을 가져다 줄 수 있는 것은 무엇일까?

- 내가 마지막으로 하나님의 마음을 아프게 하는 일로 인해 울었던 것은 언제였는가?
- 나는 성령께 내 화면 시간을 온전히 맡겼는가?

순결의 기도

주 예수님, 당신의 보혈로 제 눈을 씻어주소서. 화면과 책, 그리고 상상을 통해 제가 허용했던 것들을 용서해 주소서. 오늘, 제 눈은 어둠이 아니라 빛을 향해 있음을 선포합니다. 당신께로부터 오지 않은 모든 이미지, 정욕, 그리고 영향력을 거부합니다. 제 영혼을 정결하게 하시고, 제 시선을 지켜주소서. 그리고 당신께서 보시는 것을 거룩하고 진실되게 보게 하소서. 아멘.

7일차: 이름 뒤에 숨은 힘 - 불경건한 정체성을 포기하다

야베스는 이스라엘의 하나님께 부르짖어 이르되, 주께서 나를 복 주시길 원하노라 하매 하나님이 그의 구한 것을 허락하셨더라 . - *역대상 4:10*
"네 이름을 아브람이라 하지 아니하고 아브라함이라 하리라." - *창세기 17:5*

이름은 단순한 꼬리표가 아니라 영적인 선언입니다. 성경에서 이름은 종종 운명, 성격, 심지어 속박을 반영합니다. 무언가에 이름을 붙이는 것은 그것에 정체성과 방향을 부여하는 것입니다. 원수는 이를 알고 있습니다. 그렇기 때문에 많은 사람들이 무지, 고통, 또는 영적인 속박 속에서 자신도 모르게 주어진 이름에 갇히게 되는 것입니다.

하나님께서 이름을 아브람에서 아브라함으로, 야곱에서 이스라엘로, 사래에서 사라로 바꾸셨던 것처럼, 그분은 여전히 그분의 백성의 이름을 바꾸심으로써 운명을 바꾸십니다.

이름 속박의 글로벌 맥락

- **아프리카** - 죽은 조상이나 우상의 이름을 딴 아이들("Ogbanje," "Dike," "Ifunanya"는 의미와 관련이 있음).
- **아시아** - 업보의 순환이나 신과 관련된 환생의 이름.
- **유럽** - 이교도나 마녀사냥의 유산에 뿌리를 둔 이름(예: 프레야, 토르, 멀린).
- **라틴 아메리카** - 산테리아에서 영향을 받은 이름, 특히 영적 세례를 통해 생겨난 이름.
- **북미** - 대중 문화, 반란 운동 또는 조상의 헌신에서 따온 이름입니다.

이름은 중요합니다. 이름은 권력과 축복을 의미하기도 하고, 속박을 의미하기도 합니다.

스토리: "내 딸의 이름을 바꿔야 했던 이유"

*Greater Exploits 14*에서 한 나이지리아 부부는 딸에게 "아름답다"는 뜻의 "아마카"라는 이름을 지어주었지만, 딸은 의사들을 당혹스럽게 하는 희귀병을 앓았습니다. 예언 회의에서 어머니는 계시를 받았습니다. 그 이름은 한때 주술사였던 할머니가 사용했던 이름인데, 이제 할머니의 영혼이 아이를 데려가고 있었던 것입니다.

그들은 그녀의 이름을 "올루와타밀로레"(신이 나를 축복해 주셨다)로 바꾸고 금식과 기도를 드렸습니다. 아이는 완전히 회복되었습니다.

인도의 또 다른 사례는 "카르마"라는 남성이 대대로 내려오는 저주에 시달리던 이야기입니다. 힌두교를 버리고 이름을 "조나단"으로 바꾼 후, 그는 재정과 건강 면에서 큰 변화를 경험하기 시작했습니다.

행동 계획 - 당신의 이름 조사

1. 이름의 전체적인 의미를 조사해 보세요 - 이름, 중간 이름, 성.
2. 부모님이나 어른께 왜 그런 이름을 지었는지 물어보세요.
3. 기도할 때 부정적인 영적 의미나 헌신을 포기하세요.
4. 그리스도 안에서 당신의 신성한 정체성을 선언하세요:

"나는 하나님의 이름으로 불린다. 나의 새 이름은 하늘에 기록되어 있다(요한계시록 2:17)."

그룹 참여

- 회원들에게 질문해 보세요: 당신의 이름은 무슨 뜻인가요? 그 이름과 관련된 꿈을 꾼 적이 있나요?
- "명명 기도"를 하세요. 각 사람의 정체성을 예언적으로 선언하는 기도입니다.
- 언약이나 조상의 속박에 얽매인 이름에서 벗어나야 할 이들에게 손을 얹어 주십시오.

도구: 이름의 의미 카드를 인쇄하고, 기름을 가져오고, 이름을 바꾸는 성경 구절을 활용하세요.

주요 통찰력

거짓된 정체성에 대답하면서까지 진정한 정체성을 고수할 수는 없습니다.

반성 일지

- 제 이름은 영적으로, 문화적으로 무엇을 의미하나요?
- 나는 내 이름과 일치하는가, 아니면 갈등을 느끼는가?
- 하늘은 나를 무슨 이름으로 부르는가?

개명의 기도

아버지, 예수님의 이름으로, 그리스도 안에서 제게 새로운 정체성을 주셔서 감사합니다. 제 이름과 관련된 모든 저주, 언약, 그리고 악마의 속박을 끊습니다. 당신의 뜻에 맞지 않는 모든 이름을 버립니다. 하늘이 제게 주신 이름과 정체성, 곧 능력과 목적, 그리고 순결함으로 충만한 이름을 받습니다. 예수님의 이름으로 기도합니다. 아멘.

8일차: 거짓된 빛의 정체를 밝히다 – 뉴에이지의 함정과 천사의 속임수

"그렇게 하는 것은 이상한 일이 아닙니다. 사탄도 자기를 빛의 천사로 가장합니다." – 고린도후서 11:14

"사랑하는 자들아, 모든 영을 다 믿지 말고 오직 영들이 하나님께 속하였는지 시험하라…" – 요한일서 4:1

빛나는 것이 모두 신은 아니다.

오늘날 세상에서 점점 더 많은 사람들이 하나님의 말씀 밖에서 "빛", "치유", "에너지"를 추구합니다. 그들은 명상, 요가 제단, 제3의 눈 활성화, 조상 소환, 타로 카드, 달 의식, 천사 채널링, 심지어 기독교적인 신비주의에 의지합니다. 이러한 속임수는 처음에는 평화, 아름다움, 그리고 힘을 동반하기 때문에 강력합니다.

하지만 이러한 움직임 뒤에는 점술, 거짓 예언, 그리고 사람들의 영혼에 합법적으로 접근하기 위해 빛의 가면을 쓴 고대 신들이 있습니다.

거짓 빛의 세계적 도달 범위

- **북미** - 수정, 세이지 정화, 끌어당김의 법칙, 초능력자, 외계 빛 코드.
- **유럽** - 이교도의 이미지 변화, 여신 숭배, 백인 마법, 영적 축제.
- **라틴 아메리카** - 산테리아는 가톨릭 성인, 영매 치료사(curanderos)와 혼합되었습니다.
- **아프리카** - 천사 제단과 의식용 물을 이용한 예언적 위조품.
- **아시아** - 차크라, 요가 '깨달음', 환생 상담, 사원 영혼.

이런 관행은 일시적으로는 "빛"을 줄 수 있지만, 시간이 지나면서 영혼을 어둡게 만듭니다.

간증: 속이는 빛으로부터의 구원

Greater Exploits 14 에서, 머시(영국)는 천사 워크숍에 참석하고 향, 크리스털, 천사 카드를 사용하여 "기독교" 명상을 수행해 왔습니다. 그녀는

자신이 신의 빛에 접근하고 있다고 믿었지만, 곧 잠자는 동안 목소리가 들리고 밤에 설명할 수 없는 두려움을 느끼기 시작했습니다.

*익스체인지(The Jameses Exchange)'라는 책*을 선물하면서 시작되었고, 그녀는 자신의 경험과 천사의 속임수에 대해 이야기했던 전직 사탄숭배자의 경험이 유사하다는 것을 깨달았습니다. 그녀는 회개하고 모든 신비로운 물건들을 파괴했으며, 완전한 구원 기도에 순종했습니다.

오늘날 그녀는 교회 내의 뉴에이지 사기에 대해 담대하게 증언하고 있으며, 다른 사람들도 비슷한 길을 포기하도록 돕고 있습니다.

행동 계획 - 영을 시험하다

1. **자신의 관행과 신념을 점검해 보세요**. 성경과 일치하는가, 아니면 그저 영적인 느낌이 드는가?
2. 모든 거짓 빛의 물질을 **버리고 파괴하세요**: **크리스털, 요가 매뉴얼, 엔젤 카드, 드림캐처 등.**

3. **시편 119편 105절을 읽고 기도하세요**.
   하나님의 말씀이 당신의 유일한 빛이 되게 해 달라고 기도하세요.
4. **혼란에 전쟁을 선포하라**. 친숙한 영혼과 거짓 계시를 묶어라.

그룹 신청

- **토론하기** : 당신이나 당신이 아는 누군가가 예수님을 중심으로 하지 않는 "영적" 관행에 끌려든 적이 있습니까?
- **롤플레이 분별력** : "영적인" 말씀(예: " 우주를 신뢰하라")의 발췌문을 읽고 성경과 대조해 보세요.
- **기름부음과 구원의 모임** : 거짓 빛의 제단을 깨고 *세상의 빛*과의 언약으로 대체하십시오 (요한복음 8:12).

사역 도구 :

- 실제 뉴에이지 물건(또는 사진)을 가져와서 실물로 가르치세요.
- 친숙한 영에 대항하여 구원 기도를 드립니다(사도행전 16:16~18 참조).

주요 통찰력

사탄의 가장 위험한 무기는 어둠이 아닙니다. 그것은 가짜 빛입니다.

반성 일지

- 나는 성경에 근거하지 않은 "빛"의 가르침을 통해 영적인 문을 열었는가?
- 나는 성령을 신뢰하는가, 아니면 직감과 에너지를 신뢰하는가?
- 나는 하나님의 진리를 위해 모든 형태의 거짓 영성을 포기할 의향이 있는가?

포기의 기도

아버지, 거짓된 빛을 접하고 접했던 모든 방식을 회개합니다. 모든 형태의 뉴에이지, 마법, 그리고 기만적인 영성을 거부합니다. 천사 같은 사기꾼들, 영적 안내자들, 그리고 거짓 계시와의 모든 영혼의 끈을 끊습니다. 세상의 참 빛이신 예수님을 영접합니다. 예수님의 이름으로 당신의 음성 외에는 어떤 음성도 따르지 않겠습니다. 아멘.

9일차: 피의 제단 - 생명을 요구하는 언약

"그들은 바알의 산당을 세웠고… 그들의 아들딸들을 몰렉에게 불 가운데로 지나가게 하였느니라." - 예레미야 32:35

"그들은 어린 양의 피와 그들의 증거의 말씀으로 그를 이겼느니라…" - 요한계시록 12:11

단지 당신의 관심을 요구하는 것이 아니라 당신의 피를 요구하는 제단도 있습니다.

고대부터 오늘날까지 혈맹은 어둠의 왕국의 핵심 관행이었습니다. 어떤 혈맹은 마법, 낙태, 의례적 살인, 또는 오컬트 입문을 통해 고의로 맺어집니다. 어떤 혈맹은 조상 대대로 전해지거나, 영적인 무지로 인해 자신도 모르게 맺어집니다.

무고한 피가 흘려지는 곳이라면 어디든 - 신사, 침실, 회의실 등 - 악마의 제단이 말을 건다. 이러한 제단은 생명을 빼앗고, 운명을 단축시키고, 악마의 고통을 위한 합법적인 근거를 만듭니다.

세계 피의 제단

- **아프리카** - 의식적 살인, 돈 의식, 아이 희생, 출생 시의 혈맹.
- **아시아** - 성전에서 바치는 피의 제물, 낙태를 통한 가족의 저주 또는 전쟁 서약.
- **라틴 아메리카** - 산테리아 동물 희생, 죽은 자의 영혼에게 피를 바치는 제사.
- **북미** - 낙태를 성사적 행위로 보는 이념, 악마적인 혈맹 우애 단체.
- **유럽** - 고대 드루이드와 프리메이슨 의례, 2차 세계 대전 당시의 유혈 사태 제단은 아직도 회개되지 않았습니다.

이러한 계약은 깨지지 않는 한 계속해서 생명을 앗아가며, 종종 반복적으로 그렇게 됩니다.

실화: 아버지의 희생

어둠의 힘에서 구원받은 한 중앙아프리카 여성이 구원 세션을 통해 자신이 잦은 죽음의 위협을 느낀 것은 아버지가 맺은 피의 맹세 때문이라는 사실을 깨달았습니다. 아버지는 수년간의 불임으로 부를 얻는 대가로 그녀에게 생명을 약속했습니다. 아버지가 돌아가신 후, 그녀는 매년 생일마다 그림자를 보고 거의 치명적인 사고를 경험하기 시작했습니다. 하지만 시편 118편 17절 *"내가 죽지*

아니하고 살리라" 를 매일 묵상하고, 일련의 포기 기도와 금식을 통해 그녀의 삶에 큰 변화를 가져왔습니다. 오늘날 그녀는 강력한 중보기도 사역을 이끌고 있습니다.

Greater Exploits 14 에 실린 또 다른 기록은 라틴 아메리카의 한 남자가 피를 흘리는 갱단 입회식에 참여했던 이야기를 담고 있습니다. 수년 후, 그리스도를 영접한 후에도 그의 삶은 끊임없이 혼란스러웠습니다. 그러던 중, 그는 장기간의 금식, 공개 고백, 그리고 물세례를 통해 피의 언약을 깨뜨렸습니다. 그러자 고통이 멈췄습니다.

행동 계획 - 피의 제단을 침묵시키다

1. 낙태, 신비로운 혈맹, 유전된 혈통에 대해 **회개하세요.**
2. 알려졌거나 알려지지 않은 모든 혈통의 언약을 큰 소리로 이름을 부르며 **포기하십시오.**
3. **3일 동안 금식** 하고 매일 성찬을 거행하며, 예수님의 피를 당신의 법적 보호막으로 선포하세요.
4. **큰소리로 선언하세요** :

"예수님의 피로, 저는 저를 위해 맺어진 모든 피의 언약을 깨뜨립니다. 저는 구원받았습니다!"

그룹 신청
- 자연적 혈연관계와 악마적 혈연관계의 차이점에 대해 논의해 보세요.
- 붉은 리본/실을 사용하여 피의 제단을 표현하고 가위를 사용하여 예언적으로 잘라냅니다.
- 혈연으로 인한 속박에서 벗어난 사람의 간증을 들어보세요.

사역 도구 :
- 성찬식 요소
- 기름 부음
- 구원 선언
- 가능하다면 촛불 제단 파괴 장면

주요 통찰력
사탄은 피를 팔지만, 예수님은 당신의 자유를 위해 피를 더 많이 지불하셨습니다.

반성 일지

- 저 또는 제 가족이 유혈 사태나 맹세와 관련된 일에 참여한 적이 있습니까?
- 내 혈통에는 반복되는 사망, 유산 또는 폭력적 패턴이 있습니까?
- 나는 예수님의 피가 내 삶에서 더 큰 소리로 말할 것이라고 온전히 믿었는가?

구원의 기도

주 예수님, 아벨의 피보다 더 나은 것을 말씀하시는 당신의 보혈에 감사드립니다. 저와 제 조상들이 고의든 무의식이든 맺었던 모든 피의 언약을 회개합니다. 이제 그것들을 포기합니다. 어린 양의 피로 덮여 있음을 선포합니다. 제 생명을 요구하는 모든 악령의 제단을 침묵시키고 산산이 부수게 하소서. 당신께서 저를 위해 죽으셨기에 제가 살아갑니다. 예수님의 이름으로 기도합니다. 아멘.

10일차: 불임과 상처 – 자궁이 전쟁터가 될 때

"네 땅에 낙태하는 자나 임신하지 못하는 자가 없을 것이요, 내가 네 날 수를 채우리라." - 출애굽기 23:26

"자녀 없는 여인에게 가정을 주시고, 행복한 어머니가 되게 하시니, 여호와를 찬양하라!" - 시편 113:9

불임은 단순한 의학적 문제를 넘어, 깊은 감정적, 조상 대대로 이어져 온, 심지어 영토 분쟁에 뿌리를 둔 영적인 요새가 될 수 있습니다.

여러 나라에서 불임은 적들이 여성과 가족을 수치스럽게 하고, 고립시키고, 파괴하는 데 이용됩니다. 어떤 원인은 생리적인 것이지만, 많은 경우 깊은 영적인 원인으로, 세대를 잇는 제단, 저주, 영적 배우자, 낙태된 운명, 또는 영혼의 상처와 관련이 있습니다.

열매 맺지 못하는 모든 자궁 뒤에는 천국의 약속이 있습니다. 하지만 임신 전에도 종종 치러야 할 싸움이 있습니다. 자궁과 영혼 속에서 말입니다.

불임의 세계적 패턴

- **아프리카** – 일부다처제, 조상의 저주, 신사 계약, 영적 자녀와 관련이 있음.
- **아시아** – 카르마에 대한 믿음, 전생에 대한 맹세, 대대로 이어지는 저주, 수치심 문화.
- **라틴 아메리카** – 마법으로 인한 자궁 폐쇄, 질투 주문.
- **유럽** – 시험관 수정 과잉 의존, 프리메이슨의 아동 희생, 낙태에 대한 죄책감.
- **북미** – 정서적 트라우마, 영혼의 상처, 유산 주기, 호르몬을 변화시키는 약물.

실제 이야기 – 눈물에서 증언까지
볼리비아(라틴 아메리카) 출신 마리아

마리아는 다섯 번이나 유산을 했습니다. 그때마다 우는 아기를 안고 있는 꿈을 꾸었고, 다음 날 아침 피를 보았습니다. 의사들은 그녀의 상태를 설명할 수 없었습니다. 《*위대한 탐험*》 에 실린 증언을 *읽고 나서야* , 마리아는 모든 여성의 자궁을 지역 신에게 바쳤던 할머니로부터 불임의 가족 제단을 물려받았다는 사실을 깨달았습니다.

그녀는 14일 동안 금식하며 시편 113편을
외웠습니다. 목사님은 그녀가 성찬식을 통해 언약을
깨뜨리도록 인도했습니다. 9개월 후, 그녀는
쌍둥이를 낳았습니다.

나이지리아(아프리카) 출신의 응고지.
응고지는 10년 동안 결혼 생활을 했지만 아이가
없었습니다. 구원 기도를 하던 중, 그녀가 영계에서
해병대 남편과 결혼했다는 사실이 밝혀졌습니다.
배란 주기마다 그녀는 성적인 꿈을 꾸었습니다.
자정 전쟁 기도를 여러 번 드리고, 과거 오컬트
입문 때 받았던 결혼반지를 태우는 예언적인 행위를
한 후, 그녀의 자궁이 열렸습니다.

행동 계획 - 자궁 열기
1. **근원을 찾으세요** - 조상적, 정서적, 결혼적, 의학적 근원 등.
2. **과거의 낙태**, 영혼의 유대, 성적 죄, 신비주의적 헌신을 회개하세요.
3. 출애굽기 23장 26절과 시편 113편을 선포하며 **매일 자궁에 기름을 바르십시오**.
4. **3일간 금식** 하고 매일 성찬을 받고, 자궁에 묶인 모든 제단을 거부하세요.
5. **큰소리로 말하세요**:

내 태는 복이 있나니, 나는 모든 불임의 언약을 거부하노라. 성령의 능력으로 임신하여 만삭까지 낳으리라!

그룹 신청
- 여성들(과 부부들)이 안전하고 기도하는 공간에서 지연으로 인한 부담을 공유하도록 초대하세요.
- 붉은 스카프나 천을 허리에 두르고 예언적으로 풀어서 자유의 표시로 삼으세요.
- 예언적인 "지명" 의식을 거행합니다. 즉, 신앙을 통해 아직 태어나지 않은 자녀를 선언하는 것 입니다.
- 기도 모임에서 언어적 저주, 문화적 수치심, 자기혐오를 깨뜨리세요.

사역 도구:
- 올리브 오일(자궁에 바르기)
- 친교
- 맨틀/숄(덮개와 새로움을 상징)

주요 통찰력

불모지는 끝이 아닙니다. 그것은 전쟁과 믿음, 그리고 회복으로의 부르심입니다. 하나님의 지체는 거부가 아닙니다.

반성 일지
- 내 자궁에는 어떤 감정적, 영적 상처가 있나요?
- 나는 희망을 수치심이나 비통함으로 대체했는가?
- 나는 믿음과 행동으로 근본 원인에 맞서 싸울 의지가 있는가?

치유와 잉태를 위한 기도
아버지, 저는 이 땅에 아무도 불임이 없을 것이라는 당신의 말씀 위에 서 있습니다. 저는 제 열매 맺기를 가로막는 모든 거짓말과 제단, 그리고 영을 거부합니다. 제 몸에 악한 말을 한 저 자신과 다른 사람들을 용서합니다. 저는 치유와 회복, 그리고 생명을 얻습니다. 제 태가 열매 맺고 제 기쁨이 충만함을 선포합니다. 예수님의 이름으로 기도합니다. 아멘.

11일차: 자가면역 질환 및 만성 피로 – 내면의 보이지 않는 전쟁

"스스로 분열하는 집은 서지 못하리라." - 마태복음 12:25

"그분께서는 약한 자에게 능력을 주시며, 힘이 없는 자에게는 힘을 더해 주신다." - 이사야 40:29

자가면역 질환은 신체가 자신의 세포를 적으로 오인하여 스스로를 공격하는 질환입니다. 루푸스, 류마티스 관절염, 다발성 경화증, 하시모토병 등이 이 질환에 속합니다.

만성 피로 증후군(CFS), 섬유근육통, 그리고 기타 원인 불명의 피로 장애는 종종 자가면역 질환과 겹칩니다. 하지만 생물학적인 문제 외에도, 많은 사람들이 정서적 트라우마, 영혼의 상처, 그리고 영적인 짐을 지고 살아갑니다.

우리 몸은 약뿐만 아니라 평화를 갈망하고 있습니다. 많은 사람들이 내면에서 전쟁을 치르고 있습니다.

글로벌 엿보기

- **아프리카** - 외상, 오염, 스트레스와 관련된 자가면역 질환 진단 증가.
- **아시아** - 갑상선 질환의 높은 발병률은 조상에 대한 억압과 수치심 문화와 관련이 있다.
- **유럽과 미국** - 성과 중심 문화로 인한 만성 피로와 번아웃의 유행.
- **라틴 아메리카** - 환자들은 종종 잘못 진단을 받음; 영혼의 파편화나 저주를 통해 낙인과 영적 공격을 받음.

숨겨진 영적 뿌리

- **자기혐오나 수치심** - "충분히 좋지 않다"는 느낌.
- **자신이나 다른 사람을 용서하지 않는 마음은** 면역 체계가 영적인 상태를 모방하는 것과 같습니다.
- **처리되지 않은 슬픔이나 배신은** 영혼의 피로와 신체적 붕괴로 이어질 수 있습니다.
- **마법의 고통이나 질투의 화살은** 정신적, 육체적 힘을 빼앗는 데 사용됩니다.

실화 - 어둠 속에서 벌어진 전투

스페인 출신 엘레나는

오랜 학대적인 관계로 인해 감정적으로 무너진 후 루푸스 진단을 받았습니다. 상담과 기도를 통해 그녀는 자신이 무가치하다고 생각하며 증오심을 내면화하고 있었음이 드러났습니다. 하지만 자신을 용서하고 성경을 통해 영혼의 상처를 마주하기 시작하자, 그녀의 격앙된 감정은 급격히 줄어들었습니다. 그녀는 말씀의 치유력과 영혼 정화의 힘을 간증합니다.

미국의 제임스

야심 찬 기업 임원 제임스는 20년간 끊임없는 스트레스에 시달리다 만성피로증후군(CFS)으로 쓰러졌습니다. 구원받는 동안, 그의 가족은 쉼 없이 분투하는 세대적 저주에 시달리고 있음이 드러났습니다. 그는 안식일, 기도, 그리고 고백의 계절에 들어갔고, 건강뿐 아니라 정체성의 회복을 경험했습니다.

행동 계획 - 영혼과 면역 체계 치유

1. 매일 아침 **시편 103편 1-5절을 큰 소리로 기도하세요**. 특히 3-5절을 기도하세요.
2. **내면의 믿음을 나열해 보세요**. 스스로에게 무슨 말을 하시나요? 거짓말을 끊어 보세요.

3. **깊이 용서하세요**. 특히 자신을 용서하세요.
4. **친교를 통해** 몸의 언약을 재설정하세요.
   이사야 53장을 참조하세요.
5. **하나님 안에서 쉬십시오**. 안식일은 선택 사항이 아니라, 번아웃에 맞서는 영적인 전쟁입니다.

내 몸은 나의 적이 아니라고 선언합니다. 내 안의 모든 세포가 신성한 질서와 평화에 일치할 것입니다. 나는 하나님의 힘과 치유를 받을 것입니다.

그룹 신청
- 구성원들에게 피로 패턴이나 숨기고 있는 감정적 피로감을 공유하게 하세요.
- "영혼을 버리는" 연습을 하세요. 즉, 짐을 적어서 상징적으로 태우거나 묻어버리는 것입니다.
- 자가면역 증상으로 고통받는 사람들에게 손을 얹고 균형과 평화를 명령하세요.
- 감정적 자극에 대한 일기를 7일간 쓰고, 치유에 도움이 되는 성경구절을 읽도록 격려하세요.

사역 도구:
- 상쾌함을 위한 에센셜 오일이나 향기로운 기름부음

- 일기장이나 노트패드
- 시편 23편 명상 사운드트랙

주요 통찰력

영혼을 공격하는 것은 종종 몸에서 드러납니다.
치유는 안에서부터 밖으로 흘러야 합니다.

반성 일지

- 나는 내 몸과 생각 속에서 안전하다고 느낄 수 있는가?
- 나는 과거의 실패나 트라우마로 인해 수치심이나 비난을 품고 있는가?
- 휴식과 평화를 영적인 수행으로 존중하기 위해 무엇을 할 수 있을까요?

회복의 기도

주 예수님, 당신은 저의 치유자이십니다. 오늘 저는 제가 망가졌다거나, 더럽혀졌다거나, 파멸적이라는 모든 거짓말을 거부합니다. 저 자신과 다른 사람들을 용서합니다. 제 몸의 모든 세포를 축복합니다. 제 영혼에는 평화가, 면역 체계에는 균형이 맞춰집니다. 당신의 채찍으로 저는 치유됩니다. 아멘.

12일차: 간질과 정신적 고통 – 마음이 전쟁터가 될 때

"주님, 제 아들을 불쌍히 여겨 주십시오. 그는 간질병에 걸려 몹시 괴로워합니다. 자주 불 속에도 넘어지고, 자주 물에도 넘어집니다." – 마태복음 17:15

"하나님이 우리에게 주신 것은 두려움의 영이 아니요 오직 능력과 사랑과 절제의 영입니다." – 디모데후서 1:7

어떤 고통은 단순히 의학적 문제가 아니라, 질병으로 위장한 영적인 전쟁터이기도 합니다. 간질, 발작, 조현병, 양극성 장애, 그리고 정신적 고통의 양상은 종종 보이지 않는 뿌리를 가지고 있습니다. 약물 치료의 필요성은 있지만, 분별력이 매우 중요합니다. 많은 성경 기록에서 발작과 정신적 공격은 악마의 억압의 결과였습니다. 현대 사회는 예수께서 종종 *내쫓으신 것을* 약물로 *치료합니다*.

글로벌 현실

- **아프리카** – 발작은 종종 저주나 조상의 영혼에 기인한다고 여겨진다.

- **아시아** – 간질 환자는 종종 수치심과 영적 낙인 때문에 숨겨져 있습니다.
- **라틴 아메리카** – 세대적 마녀사냥이나 낙태된 직업과 관련된 정신분열증.
- **유럽 및 북미** – 과도한 진단과 과도한 약물 투여로 인해 악마적인 근본 원인이 가려지는 경우가 많습니다.

실제 이야기 – 불 속의 구원

나이지리아 북부의 무사

무사는 어린 시절부터 간질 발작을 앓았습니다. 그의 가족은 토착 의사부터 교회 기도까지 온갖 방법을 다 시도해 보았습니다. 어느 날, 구출 예배 중에 성령께서 무사의 할아버지가 그를 주술 교환의 도구로 사용했다고 알려주셨습니다. 언약을 어기고 그에게 기름을 부은 후, 그는 다시는 발작을 일으키지 않았습니다.

페루의 다니엘

양극성 장애 진단을 받은 다니엘은 폭력적인 꿈과 목소리 때문에 힘들어했습니다. 나중에 아버지가 산속에서 비밀스러운 사탄 의식에 연루되었다는 사실을 알게 되었습니다. 구원 기도와 3일간의 금식은 정신을 맑게 해 주었습니다. 목소리는 멈췄습니다. 오늘날 다니엘은 평온함을 되찾고 회복되어 사역을 준비하고 있습니다.

주의해야 할 징후

- 신경학적 원인이 알려지지 않은 채 발작이 반복적으로 발생하는 경우.
- 목소리, 환각, 폭력적이거나 자살적인 생각.
- 기도하는 동안 시간이나 기억 상실, 설명할 수 없는 두려움, 신체적인 발작 등이 발생합니다.
- 가족의 정신 이상이나 자살 패턴.

행동 계획 - 마음을 지배하다

1. 알려진 모든 오컬트적 유대관계, 트라우마, 저주를 회개하세요.
2. 매일 머리에 손을 얹고 건전한 마음을 선포하십시오(디모데후서 1:7).
3. 금식하고 마음을 묶는 악령을 위해 기도하세요.

4. **조상의 맹세, 헌신, 혈통의 저주를 깨세요.**
5. **가능하다면 강력한 기도 파트너나 구원팀에 합류하세요.**

나는 모든 고통과 간음과 혼란의 영을 거부합니다. 예수님의 이름으로 건전한 정신과 안정된 감정을 받습니다!

그룹 사역 및 적용

- 가족의 정신 질환이나 발작 패턴을 파악합니다.
- 고통받는 사람들을 위해 기도하세요. 이마에 기름을 바르세요.
- 중보자가 방 안을 돌아다니며 "잠잠하라, 가만히 있으라!" (마가복음 4:39)고 외치게 하세요.
- 영향을 받은 사람들에게 구두 약속을 깨라고 권유하세요. "저는 미친 게 아닙니다. 저는 치유되었고 온전합니다."

사역 도구:

- 기름 부음
- 힐링 선언 카드
- 평화와 정체성을 전하는 예배 음악

주요 통찰력

모든 고통이 육체적인 것만은 아닙니다. 어떤 고통은 고대의 계약과 악마적인 법적 근거에 뿌리를 두고 있으며, 이는 영적으로 해결되어야 합니다.

반성 일지
- 나는 생각이나 잠으로 인해 괴로움을 받은 적이 있는가?
- 치유되지 않은 트라우마나 닫아야 할 영적인 문이 있을까?
- 내 마음을 하나님의 말씀에 고정시키기 위해 매일 어떤 진리를 선포할 수 있을까?

건강의 기도

주 예수님, 당신은 제 마음을 회복시켜 주시는 분이십니다. 제 뇌와 감정, 그리고 명료함을 공격하는 모든 언약, 트라우마, 그리고 악령을 거부합니다. 치유와 건전한 정신을 얻습니다. 저는 죽지 않고 살겠다고 선포합니다. 예수님의 이름으로 기도합니다. 아멘.

13일차: 두려움의 영 - 보이지 않는 고통의 우리를 깨뜨리다

"하나님이 우리에게 주신 것은 두려움의 영이 아니요 오직 능력과 사랑과 절제의 영이니라" - 디모데후서 1:7

"두려움에는 고통이 있고" - 요한일서 4:18

두려움은 단순한 감정이 아닙니다. *영일 수도 있습니다.*
시작하기도 전에 실패를 속삭입니다. 거부감을 증폭시키고, 목적을 무력화시키며, 나라를 마비시킵니다.
많은 사람이 두려움에 의해 만들어진 보이지 않는 감옥에 갇혀 있습니다. 죽음, 실패, 가난, 사람, 질병, 영적 전쟁, 미지의 것에 대한 두려움이죠. 많은 불안 발작, 공황 장애, 비이성적 공포증의 이면에는 **운명을 무력화하기 위해 보내진 영적인 임무가 있습니다**.

글로벌 매니페스테이션

- **아프리카** – 대대로 이어져 온 저주, 조상의 보복, 마녀사냥에 대한 반발에 뿌리를 둔 두려움.
- **아시아** – 문화적 수치심, 업보에 대한 두려움, 환생에 대한 불안.
- **라틴 아메리카** – 저주, 마을 전설, 영적 보복에 대한 두려움.
- **유럽 및 북미** – 숨겨진 불안, 진단된 장애, 대립, 성공 또는 거부에 대한 두려움 – 종종 영적인 것이지만 심리적인 것으로 분류됨.

실제 이야기 – 영혼의 가면을 벗기다
캐나다의 사라

수년 동안 사라는 어둠 속에서 잠을 이룰 수 없었습니다. 방 안에 항상 누군가의 존재를 느꼈기 때문입니다. 의사들은 불안 장애라고 진단했지만, 어떤 치료법도 효과가 없었습니다. 온라인 구원 상담을 통해 어린 시절의 두려움이 악몽과 공포 영화를 통해 괴롭히는 영혼에게 문을 열어주었다는 사실을 알게 되었습니다. 그녀는 회개하고 두려움을 버렸으며, 그 두려움이 사라지도록 명령했습니다. 이제 그녀는 평화롭게 잠들었습니다.

나이지리아의 우체

우체는 설교하라는 부름을 받았지만, 사람들 앞에 설 때마다 굳어버렸습니다. 그 두려움은 마치 숨이 막히고 마비되는 듯했습니다. 기도 중에 하나님께서는 어린 시절 그의 목소리를 조롱했던 선생님이 한 저주의 말을 그에게 보여주셨습니다. 그 말은 영적인 사슬을 이루었습니다. 끊어지자, 그는 담대하게 설교하기 시작했습니다.

행동 계획 - 두려움 극복

1. **두려움을 이름으로 고백하세요** : "저는 예수님의 이름으로 [_____]에 대한 두려움을 포기합니다."
2. **시편 27편과 이사야 41장을 매일 큰 소리로 읽으세요.**
3. **공포가 평화로 대체될 때까지 예배하세요.**
4. **공포를 주제로 한 미디어(공포 영화, 뉴스, 가십)를 멀리하세요.**
5. **매일 이렇게 선언하세요** : "나는 건전한 정신을 가지고 있습니다. 나는 두려움의 노예가 아닙니다."

그룹 신청 - 커뮤니티 혁신

- 그룹 구성원들에게 물어보세요: 어떤 두려움이 당신을 가장 마비시켰나요?
- 소그룹으로 나뉘어 **포기** 와 **대체 의 기도를 인도하세요** (예: 두려움 → 담대함, 불안 → 자신감).
- 각 사람에게 두려움을 하나씩 적어 예언적 행위로 태우라고 하세요.
- 서로에게 *기름 부음* 과 *성경 고백*을 하십시오.

사역 도구:
- 기름 부음
- 성경 선언 카드
- 찬양곡: 베델의 "No Longer Slaves"

주요 통찰력

두려움을 참는 것은 **믿음을 오염시키는 것 입니다** . 담대함과 두려움을 동시에 가질 수는 없습니다. 담대함을 선택하세요.

반성 일지
- 어린 시절부터 내 마음속에 남아 있는 두려움은 무엇일까?
- 두려움은 내 결정, 건강, 관계에 어떤 영향을 미쳤나요?

- 만약 내가 완전히 자유로워진다면 무엇을 다르게 할까?

두려움으로부터의 자유를 위한 기도
아버지, 두려움의 영을 물리칩니다. 두려움이 들어오게 한 트라우마, 말, 그리고 죄악으로 인해 모든 문을 닫아버립니다. 능력과 사랑과 건전한 정신의 영을 받습니다. 예수님의 이름으로 담대함과 평화와 승리를 선포합니다. 두려움은 더 이상 제 삶에 자리할 곳이 없습니다. 아멘.

14일차: 사탄의 표식 – 불경스러운 낙인을 지우다

"이제부터는 누구든지 나를 괴롭히지 마십시오. 나는 내 몸에 주 예수님의 흔적을 지니고 있습니다." – 갈라디아서 6:17

"그들은 내 이름을 이스라엘 자손에게 붙여 줄 것이요, 나는 그들을 축복할 것입니다." – 민수기 6:27

많은 운명은 영적인 영역에서 하나님이 아닌, 적에 의해 조용히 *표시 됩니다.*

이러한 사탄의 표식은 기이한 신체 징후, 문신이나 낙인에 대한 꿈, 외상적 학대, 피의 의식, 또는 물려받은 제단의 형태로 나타날 수 있습니다. 어떤 것들은 눈에 보이지 않고 오직 영적인 감각을 통해서만 식별할 수 있지만, 어떤 것들은 신체적 징후, 악마의 문신, 영적 낙인, 또는 지속적인 질병으로 나타납니다.

사람이 적에게 표식을 받으면 다음과 같은 증상이 나타날 수 있습니다.

- 이유 없는 끊임없는 거부와 증오.
- 반복되는 영적 공격과 막힘.

- 특정 연령대에서 조기 사망이나 건강 위기가 발생합니다.
- 영으로 추적당함 - 항상 어둠 속에서도 볼 수 있음.

이러한 표시는 *합법적인 태그 로 작용하여* 어둠의 영혼이 괴롭히고, 지연시키고, 감시할 수 있는 권한을 부여합니다.
하지만 예수의 피는 **깨끗하게** 하고 **새롭게 만듭니다**.

글로벌 표현
- **아프리카** - 부족 표시, 의식적 상처, 신비로운 입문 흉터.
- **아시아** - 영적 인장, 조상의 상징, 업보의 표시.
- **라틴 아메리카** - 브루헤리아 (마법) 입문 표시, 의식에 사용되는 탄생 신호.
- **유럽** - 프리메이슨 상징, 영적 가이드를 불러일으키는 문신.
- **북미** - 뉴에이지 상징, 의식적 학대 문신, 오컬트 계약을 통한 악마적 낙인.

실제 사례 - 리브랜딩의 힘
우간다의 데이비드

다윗은 끊임없이 거절당했습니다. 그의 재능에도
불구하고 아무도 그 이유를 설명할 수 없었습니다.
기도하던 어느 선지자가 그의 이마에 "영적인 X"
표시를 보았습니다. 마을 사제가 어린 시절에
행했던 의식의 흔적이었습니다. 구원을 받는 동안,
그 표시는 기름 부음과 예수 의 피 선포를 통해
영적으로 지워졌습니다. 그의 삶은 몇 주 만에
바뀌었습니다. 그는 결혼하고, 직장을 구하고,
청소년 지도자가 되었습니다.

브라질의 산드라

샌드라는 십 대 시절 반항심으로 용 문신을
새겼습니다. 그리스도께 삶을 바친 후, 금식하거나
기도할 때마다 강렬한 영적 공격을 느꼈습니다.
목사님은 그 문신이 영을 감시하는 악마의
상징이라고 분별했습니다. 회개와 기도, 그리고
내면의 치유를 거친 후, 그녀는 문신을 지우고
영혼의 끈을 끊었습니다. 그러자 악몽은 즉시
멈췄습니다.

행동 계획 - 표시 지우기

1. **성령께서** 당신의 삶 속에 영적, 육체적
   표식을 드러내시도록 기도하세요.

2. 그러한 의식에 개인적으로나 유전적으로 연루된 사실이 있다면 **회개하십시오**.
3. **예수님의 피를** 당신의 몸, 이마, 손, 발에 바르십시오.
4. **모니터링 영, 영혼의 유대,** 표식에 묶인 합법적 권리를 끊으세요(아래 성경 참조).
5. 어둠의 계약과 관련된 **신체적인 문신이나 물건을 제거하세요**.

그룹 신청 - 그리스도 안에서 리브랜딩

- 그룹 구성원들에게 물어보세요: 낙인을 받거나 낙인이 찍히는 꿈을 꾼 적이 있나요?
- 그리스도께 **정화와 재헌신을** 위한 기도를 드리십시오.
- 이마에 기름을 바르고 이렇게 선언하십시오. *"이제 당신은 주 예수 그리스도의 표를 지녔습니다."*
- 감시하는 영을 끊고 그리스도 안에서 그들의 정체성을 다시 연결하십시오.

사역 도구:

- 올리브 오일(기름부음에 축복됨)
- 거울이나 흰 천(상징적인 씻는 행위)
- 성찬(새로운 정체성을 봉인하다

주요 통찰력

영에 표시된 것은 **영에 보인다**. 적이 당신을 태그하는 데 사용한 것을 제거하라.

반성 일지

- 설명 없이 몸에 이상한 표시나 멍, 상징 등을 본 적이 있나요?
- 포기하거나 제거해야 할 물건, 피어싱 또는 문신이 있나요?
- 나는 내 몸을 성령의 성전으로 온전히 재헌신했는가?

리브랜딩의 기도

주 예수님, 당신의 뜻 밖에서 제 몸과 영혼에 새겨진 모든 표식과 언약, 그리고 헌신을 포기합니다. 당신의 보혈로 모든 사탄의 낙인을 지웁니다. 저는 오직 그리스도만을 위해 표를 받았음을 선포합니다. 당신의 소유라는 인을 제 위에 주시고, 모든 감시하는 영이 저를 더 이상 추적하지 못하게 하소서. 저는 더 이상 어둠 속에 보이지 않습니다. 저는 자유롭게 나아갑니다. 예수님의 이름으로 기도합니다. 아멘.

15일차: 거울의 영역 - 반사의 감옥에서 탈출

" 지금은 거울로 보는 것같이 희미하나 그 때에는 얼굴과 얼굴을 마주 대하여 볼 것이요" - 고린도전서 13:12

"눈이 있어도 보지 못하고 귀가 있어도 듣지 못하느니라" - 시편 115:5-6

영계에는 **거울 세계가** 있습니다. *가짜 정체성*, 영적 조종, 그리고 어둠의 반영이 존재하는 곳입니다. 많은 사람들이 꿈이나 환상에서 보는 것은 신이 보낸 거울이 아니라 어둠의 왕국의 기만 도구일 수 있습니다.

오컬트에서 거울은 **영혼을 가두고**, **삶을 감시하고**, **인격을 전달하는 데 사용됩니다**. 일부 구원 세션에서 사람들은 자신이 거울 속, 화면, 또는 영적인 베일 뒤 등 다른 곳에서 "살아있는" 모습을 본다고 보고합니다. 이는 환각이 아닙니다. 이는 종종 다음과 같은 목적을 위해 고안된 사탄의 감옥입니다.

- 영혼을 조각내다
- 운명을 지연시키다

- 정체성을 혼동하다
- 호스트 대체 영적 타임라인

목표는? 악마의 지배를 받는 *거짓된 자아를 만들어내는 동시에 진정한* 자아는 혼란과 패배 속에 살아가는 것 입니다.

글로벌 표현
- **아프리카** - 마법사들이 감시, 함정, 공격에 사용하는 거울 마법.
- **아시아** - 샤먼은 물그릇이나 광택이 나는 돌을 이용해 영혼을 "보고" 소환합니다.
- **유럽** - 검은 거울 의식, 반사를 통한 흑마법.
- **라틴 아메리카** - 아즈텍 전통에서 흑요석 거울을 통해 사물을 보는 모습.
- **북미** - 뉴에이지 거울 포털, 아스트랄 여행을 위한 거울 응시.

증언 - "거울 속의 소녀"
필리핀의 마리아

마리아는 거울로 가득 찬 방에 갇히는 꿈을 꾸었습니다. 삶이 나아질 때마다 거울 속의 자신이 자신을 뒤로 잡아당기는 것을 보았습니다. 어느 날 밤, 그녀는 비명을 지르며 "거울에서 걸어 나와" 자유로워지는 자신을 보았다고 말했습니다.

목사님은 그녀의 눈에 기름을 바르고 거울 속의 조작을 끊도록 인도했습니다. 그 이후로 그녀의 정신 명료함, 사업, 그리고 가정생활은 완전히 달라졌습니다.

스코틀랜드 출신 데이비드
는 한때 뉴에이지 명상에 깊이 빠져 "거울 그림자 운동"을 했습니다. 시간이 흐르면서 그는 다른 사람의 목소리를 듣고 자신이 의도치 않은 행동을 하는 모습을 보게 되었습니다. 그리스도를 영접한 후, 한 구원 사역자가 거울 속 영혼의 끈을 끊고 그의 마음을 위해 기도했습니다. 데이비드는 몇 년 만에 처음으로 "안개가 걷힌" 것 같은 느낌을 받았다고 말했습니다.

행동 계획 - 거울 주문을 깨세요
1. **포기하세요**.
2. **집 안의 모든 거울을** 천으로 덮으세요.
3. **당신의 눈과 이마에 기름을 바르십시오**. 그리고 당신이 이제 하나님께서 보시는 것만을 본다고 선언하십시오.
4. 거짓된 반성이 아닌, 그리스도 안에서의 당신의 정체성을 선포하기 위해 **성경을 사용하세요**.

- *이사야 43:1*
- *고린도후서 5:17*
- *요한복음 8:36*

그룹 신청 - 신원 복구

- 질문: 거울이나 쌍둥이, 혹은 누군가가 지켜보는 것과 관련된 꿈을 꾼 적이 있나요?
- 정체성 회복을 위한 기도를 하세요. 거짓된 자아로부터 자유로워졌다는 것을 선언하세요.
- 눈에 손을 얹고 (상징적으로나 기도하면서) 시력이 선명해지도록 기도하세요.
- 그룹별로 거울을 사용하여 예언적으로 선언해 보세요. "나는 하나님께서 말씀하신 그 사람입니다. 그 외에는 아무것도 아닙니다."

사역 도구:

- 흰색 천(기호를 덮는 천)
- 기름부음을 위한 올리브 오일
- 예언의 거울 선언 가이드

주요 통찰력

적은 당신이 자신을 보는 방식을 왜곡하는 걸 좋아합니다. 왜냐하면 당신의 정체성은 운명에 접근하는 지점이기 때문입니다.

반성 일지

- 나는 내가 누구인지에 대해 거짓말을 믿었는가?
- 나는 거울 의식에 참여했거나 자신도 모르게 거울 마법을 허용한 적이 있는가?
- 신은 내가 어떤 사람인지에 대해 무엇이라고 말씀하시나요?

거울의 영역에서의 자유를 위한 기도

하늘에 계신 아버지, 저는 거울 세계와 맺은 모든 언약, 즉 모든 어두운 반영, 영적인 이중성, 그리고 위조된 시간선을 깨뜨립니다. 모든 거짓된 정체성을 버립니다. 당신께서 말씀하신 그대로의 제가 있음을 선포합니다. 예수님의 보혈로 저는 반영의 감옥에서 나와 제 충만한 목적 안으로 나아갑니다. 오늘부터 저는 영의 눈으로 진실과 명료함으로 봅니다. 예수님의 이름으로 기도합니다. 아멘.

16일차: 말의 저주를 끊다 - 당신의 이름과 미래를 되찾다

"죽음과 생명은 혀의 권세에 달렸느니라…" - 잠언 18:21

"너를 대적하여 만든 무기는 형통치 못할 것이요 너를 대적하여 심판하는 혀는 다 네가 정죄하리라…" - 이사야 54:17

축복하거나 속박하는 힘을 지닌 **영적인 그릇** 입니다. 많은 사람들이 자신도 모르게 부모, 선생님, 영적 지도자, 전 애인, 심지어 자신의 입에서 **나온 저주의 무게 에 짓눌려 살아갑니다.**

어떤 사람들은 이런 이야기를 들어본 적이 있습니다.

- "당신은 결코 아무것도 이룰 수 없을 거예요."
- "너는 네 아버지와 똑같아. 쓸모없어."
- "당신이 만지는 모든 것은 실패합니다."
- "내가 당신을 가질 수 없다면, 누구도 당신을 가질 수 없을 거예요."
- "너는 저주받았어... 지켜봐."

분노, 증오, 또는 두려움에 찬 이러한 말들은, 특히 권위 있는 사람이 내뱉는 말이라면, 영적인 함정이 될 수 있습니다. *"내가 태어나지 않았으면 좋았을 텐데"* 또는 *"결혼하지 않을 거야"* 처럼 스스로에게 하는 *저주조차도* 적에게 법적 근거를 제공할 수 있습니다.

글로벌 표현
- **아프리카** – 부족의 저주, 반항으로 인한 부모의 저주, 시장의 저주.
- **아시아** – 카르마에 기반한 말의 선언, 자녀에게 하는 조상의 맹세.
- **라틴 아메리카** – 브루헤리아 (마법)는 말로 표현되는 저주입니다.
- **유럽** – 말로 표현된 저주, 스스로 실현되는 가족의 "예언".
- **북미** – 언어적 학대, 신비주의 주문, 자기혐오적 확언.

속삭이든 소리치든, 감정과 신념을 담아 말한 저주는 정신에 무게를 지닙니다.

증언 – "어머니가 죽음에 대해 말씀하셨을 때" 키샤(자메이카)

키샤는 어린 시절 어머니가 *"네가 내 인생을 망친 이유야."* 라고 말하는 것을 들었습니다. 생일마다 안 좋은 일이 일어났습니다. 스물한 살이 되던 해,

그녀는 자신의 삶이 아무런 가치도 없다고 확신하며 자살을 시도했습니다. 어느 구원 예배에서 목사님이 *"누가 네 삶에 죽음을 말했느냐?"* 라고 물었습니다. 그녀는 무너져 내렸습니다. 하지만 그 말을 버리고 용서를 구한 후, 마침내 기쁨을 경험했습니다. 이제 그녀는 어린 소녀들에게 스스로에게 삶을 말하는 법을 가르치고 있습니다.

안드레이 (루마니아)

안드레이의 선생님은 *"너는 25살 전에 감옥에 가거나 죽을 것이다"* 라고 말씀하셨습니다. 그 말씀은 그를 괴롭혔습니다. 그는 범죄에 빠져 24살에 체포되었습니다. 감옥에서 그는 그리스도를 만나 자신이 동의했던 저주를 깨달았습니다. 그는 선생님에게 용서 편지를 쓰고, 자신에게 퍼부어진 모든 거짓말을 찢어버리고, 하나님의 약속을 전하기 시작했습니다. 그는 현재 교도소 아웃리치 사역을 이끌고 있습니다.

행동 계획 - 저주를 되돌리기

1. 다른 사람이나 자신이 한 부정적인 말을 적어 보세요.
2. 기도할 때 **저주하는 모든 단어를 포기하세요** (큰 소리로 말하세요).

3. 그 말을 한 사람에게 **용서를 구하세요**.
4. 저주를 축복으로 대체하기 위해 **하나님의 진리를 자신에게 말하십시오**.
    - *예레미야* 29:11
    - *신명기* 28:13
    - *로마서* 8:37
    - *시편* 139:14

그룹 신청 - 단어의 힘
- 질문: 어떤 진술이 당신의 정체성을 형성했나요? 좋은 진술이든 나쁜 진술이든요?
- 그룹으로 나뉘어서, 저주를 큰소리로 (예민하게) 말하고, 그 대신 축복의 말을 합니다.
- 성경 카드를 활용하세요. 각 사람이 자신의 정체성에 대한 3가지 진실을 큰 소리로 읽습니다.
- 회원들에게 7일간의 *축복령을* 스스로에게 선포하도록 격려하세요.

사역 도구:
- 성경 정체성을 담은 플래시 카드
- 입에 기름을 바르는 올리브 오일(말을 거룩하게 함)

- 거울 선언 – 매일 당신의 반사에 대해 진실을 말하세요

주요 통찰력

저주가 내려졌다면, 그 저주는 깨질 수 있고, 그 대신 새로운 삶의 말씀이 전해질 수 있습니다.

반성 일지

- 누구의 말이 내 정체성을 형성했는가?
- 나는 두려움, 분노, 수치심으로 인해 나 자신을 저주했는가?
- 신은 내 미래에 대해 무엇이라고 말씀하시나요?

말의 저주를 깨뜨리는 기도

주 예수님, 가족, 친구, 선생님, 연인, 심지어 저 자신까지도 제 삶에 대해 퍼부었던 모든 저주를 내려놓습니다. 실패, 거부, 죽음을 선포했던 모든 목소리를 용서합니다. 예수님의 이름으로 그 말의 권세를 깨뜨립니다. 제 삶에 축복과 은혜, 그리고 운명을 선포합니다. 당신께서 말씀하신 그대로, 저는 사랑받고, 선택받고, 치유받고, 자유롭습니다. 예수님의 이름으로 기도합니다. 아멘.

17일차: 통제와 조작으로부터의 해방

"마법은 항상 옷과 가마솥으로 이루어지는 것은 아닙니다. 때로는 말과 감정, 그리고 보이지 않는 목줄로 이루어지는 경우도 있습니다."

"거역은 술수와 같은 죄요 완고함은 불의와 우상숭배와 같으니라."
- 사무엘상 *15:23*

마법은 성지에서만 발견되는 것이 아닙니다. 종종 미소를 짓고 죄책감, 위협, 아첨, 두려움을 이용해 조종합니다. 성경은 반항, 특히 다른 사람들에게 불경건한 지배력을 행사하는 반항을 마법과 동일시합니다. 우리가 다른 사람의 의지를 지배하기 위해 감정적, 심리적, 또는 영적인 압력을 행사할 때마다 우리는 위험한 영역에 발을 들여놓는 것입니다.

글로벌 매니페스테이션

- **아프리카** - 분노한 어머니들이 아이들을 저주하고, 연인들이 '주술'이나 사랑의

물약으로 다른 사람들을 묶고, 영적 지도자들이 추종자들을 위협합니다.
- **아시아** – 제자들에 대한 구루의 통제, 결혼을 주선한 부모의 협박, 에너지 끈 조작.
- **유럽** – 세대적 행동, 종교적 죄책감 및 지배를 통제하는 프리메이슨 서약.
- **라틴 아메리카** – 파트너를 유지하기 위해 브루헤리아 (마법)가 사용되었으며, 감정적 협박은 가족의 저주에 기인합니다.
- **북미** – 자기애적 양육, "영적 덮개"로 위장한 조종적 리더십, 두려움에 기반한 예언.

마녀의 목소리는 종종 이렇게 속삭인다. *"이렇게 하지 않으면, 나를 잃고, 신의 은총을 잃거나 고통을 겪을 것이다."*
하지만 진정한 사랑은 결코 조종하지 않습니다. 하나님의 음성은 언제나 평화와 명료함, 그리고 선택의 자유를 가져다줍니다.

실제 이야기 – 보이지 않는 끈을 끊다

캐나다 출신의 그레이스는 예언 사역에 깊이 관여했는데, 그 사역의 리더가 그녀가 누구와 데이트하고, 어디에 살 수 있는지, 심지어 어떻게 기도해야 할지까지 지시하기 시작했습니다.

처음에는 영적인 일처럼 느껴졌지만, 시간이 지나면서 그녀는 마치 그의 의견에 갇힌 포로처럼 느껴졌습니다. 그녀가 독립적인 결정을 내리려고 할 때마다 "하나님께 반항하고 있다"는 말을 들었습니다. 정신적으로 무너진 후, '*Greater Exploits 14*'를 *읽고 나서야* 그녀는 이것이 예언으로 위장한 카리스마적인 주술, 즉 통제라는 것을 깨달았습니다.

그레이스는 영적 지도자와의 영혼의 끈을 끊고, 조종에 가담했던 자신의 잘못을 회개하며 지역 치유 공동체에 참여했습니다. 오늘날 그녀는 온전한 모습으로 다른 사람들이 종교적 학대에서 벗어나도록 돕고 있습니다.

행동 계획 – 관계 속의 마법을 분별하기

1. 스스로에게 물어보세요. *이 사람 곁에서 자유로움을 느끼는가, 아니면 실망시키는 것이 두려운가?*
2. 죄책감, 위협, 아첨이 통제 도구로 사용되는 관계를 나열해 보세요.
3. 당신을 지배하거나 목소리를 잃게 만드는 모든 감정적, 영적, 영혼적 유대감을 버리세요.

4. 삶 속의 모든 교활한 족쇄를 끊어달라고 큰 소리로 기도하세요.

성경 도구

- **사무엘상 15:23** - 반역과 마술
- **갈라디아서 5:1** - "굳건히 서서… 다시는 종의 멍에를 메지 마십시오."
- **고린도후서 3:17** - "주님의 영이 계신 곳에는 자유함이 있느니라."
- **미가 3:5-7** - 협박과 뇌물을 이용하는 거짓 선지자들

그룹 토론 및 응용

- (필요하다면 익명으로) 영적으로나 감정적으로 조종당했다고 느꼈던 때를 공유해 보세요.
- "진실을 말하는" 기도를 롤플레잉하세요. 다른 사람에 대한 통제력을 해제하고 자신의 의지를 되찾으세요.
- 회원들에게 통제적 인물과의 관계를 끊고 그리스도 안에서의 자유를 선언하는 편지(실제 또는 상징적)를 쓰게 합니다.

사역 도구:

- 구출 파트너를 짝지어 주세요.

- 기름부음을 사용해 마음과 의지에 대한 자유를 선언하세요.
- 성찬을 통해 그리스도 *만이 참된 덮개 이신 분과의 언약을 다시 확립하십시오* .

주요 통찰력

조종이 횡행하는 곳에는 마법이 번성합니다. 그러나 하나님의 영이 계신 곳에는 자유가 있습니다.

반성 일지

- 내 목소리, 의지, 방향을 누가 또는 무엇이 통제하도록 허용했는가?
- 내가 원하는 것을 얻기 위해 두려움이나 아첨을 이용한 적이 있는가?
- 오늘 나는 그리스도의 자유 안에서 걷기 위해 어떤 단계를 밟을 것인가?

구원의 기도

하늘에 계신 아버지, 제 안팎에서 작용하는 모든 형태의 감정적, 영적, 심리적 조종을 거부합니다. 두려움, 죄책감, 그리고 통제에 뿌리박힌 모든 영혼의 끈을 끊습니다. 반항, 지배, 그리고 위협으로부터 자유로워집니다. 오직 당신의 영으로만 인도함을 선포합니다. 사랑과 진리,

*그리고 자유 안에서 행할 은혜를 받습니다.
예수님의 이름으로 기도합니다. 아멘.*

18일차: 용서하지 못하는 마음과 원망의 힘을 깨뜨리다

"용서하지 않는 것은 독을 마시고 상대방이 죽기를 바라는 것과 같습니다."

"쓴 뿌리가 자라서 많은 사람을 괴롭게 하고 더럽히지 않도록 주의하라."

- *히브리서 12:15*

원한은 소리 없는 파괴자입니다. 배신, 거짓말, 상실 같은 상처로 시작될 수도 있지만, 방치하면 용서하지 못하는 마음, 그리고 결국 모든 것을 독살하는 뿌리로 이어집니다.

용서하지 않는 마음은 괴롭히는 영들에게 문을 열어줍니다(마태복음 18:34). 분별력을 흐리게 하고, 치유를 방해하며, 기도를 막고, 하나님의 능력의 흐름을 막습니다.

구원은 단지 악마를 쫓아내는 것만이 아닙니다. 그것은 당신 안에 갇혀 있던 것을 풀어내는 것입니다.

전 세계적으로 나타나는 괴로움의 표현

- **아프리카** – 부족 간 전쟁, 정치적 폭력, 가족의 배신이 대대로 이어져 왔습니다.
- **아시아** – 부모와 자식 사이의 불명예, 카스트에 따른 상처, 종교적 배신.
- **유럽** – 학대에 대한 세대적 침묵, 이혼이나 불륜에 대한 원망.
- **라틴 아메리카** – 부패한 제도, 가족의 거부, 영적 조종으로 인한 상처.
- **북미** – 교회의 상처, 인종적 트라우마, 아버지의 부재, 직장의 불의.

원통함이 항상 소리치는 것은 아니다. 때로는 "그들이 저지른 일을 절대 잊지 않을 거야."라고 속삭이기도 한다.

하지만 신은 이렇게 말씀하십니다: *놓아주어라. 그들이 그럴 만하기 때문이 아니라*, **네가** *그럴 만하기 때문이다*.

실화 – 용서하지 않는 여자

브라질 출신의 마리아는 45세 때 처음 구원을 받으러 왔습니다. 매일 밤 그녀는 목이 졸리는 꿈을 꾸었습니다. 궤양, 고혈압, 우울증을 앓고 있었습니다. 상담 과정에서 그녀가 어린 시절 자신을 학대하고 나중에 가족을 버린 아버지에 대한 증오심을 품고 있었다는 사실이 밝혀졌습니다.

그녀는 기독교인이 되었지만 결코 그를 용서하지
않았습니다.
그녀가 울며 그를 하나님 앞에 놓아주는 순간,
그녀의 몸은 경련을 일으켰습니다. 무언가가 부서진
듯했습니다. 그날 밤, 그녀는 20년 만에 처음으로
편안하게 잠들었습니다. 두 달 후, 그녀의 건강은
눈에 띄게 좋아지기 시작했습니다. 그녀는 이제
여성들을 위한 힐링 코치로서 자신의 이야기를
나누고 있습니다.

행동 계획 - 쓴뿌리 뽑기
1. **이름을 적어보세요** - 당신을 상처입힌 사람들의 이름을 적어보세요 - 자신이나 신(만약 당신이 비밀리에 신에게 화가 났었다면)의 이름도 적어보세요.
2. **놓아주세요** - 큰 소리로 말하세요: "[이름]의 [특정 잘못]을 용서합니다. 그 잘못을 놓아주고 나 자신을 자유롭게 합니다."
3. **태우세요**. 안전하다면 예언적 해방의 행위로 종이를 태우거나 잘게 찢으세요.
4. **축복 기도를 하십시오**. 비록 감정이 저항하더라도 말입니다. 이것이 바로 영적 전쟁입니다.

성경 도구
- *마태복음 18:21-35* - 용서하지 않는 종의 비유
- *히브리서 12:15* - 쓴뿌리는 많은 사람을 더럽힙니다.
- *마가복음 11:25* - 용서하라 그리하면 너희 기도가 막히지 아니하리라
- *로마서 12:19-21* - 복수는 하나님께 맡기라

단체 신청 및 사역
- 각 사람에게 (비공개로 또는 서면으로) 용서하기 힘든 사람의 이름을 말해보라고 요청하세요.
- 아래 기도문을 사용하여 용서의 과정을 거치며 기도팀을 구성해 보세요.
- 기록된 범죄 내용을 파괴하고 치유 선언으로 대체하는 예언적인 "화형 의식"을 이끈다.

사역 도구:
- 용서 선언 카드
- 부드러운 악기 연주나 흠뻑 젖은 예배
- 기쁨의 기름 (해방 후 기름 부음용)

주요 통찰력

용서하지 않는 마음은 원수가 이용하는 문입니다.
용서는 속박의 끈을 끊는 칼입니다.

반성 일지
- 오늘은 누구를 용서해야 할까?
- 나는 나 자신을 용서했는가? 아니면 과거의 실수 때문에 나 자신을 벌하고 있는 것인가?
- 배신이나 모욕으로 인해 잃어버린 것을 하나님께서 회복시켜 주실 수 있다고 믿습니까?

해방의 기도

주 예수님, 제 고통과 분노, 그리고 기억들을 가지고 당신 앞에 나아갑니다. 오늘 저는 믿음으로 저를 상처 주고, 학대하고, 배신하고, 거부했던 모든 사람을 용서하기로 선택합니다. 그들을 놓아줍니다. 그들을 심판에서 풀어주고, 저 자신을 비통함에서 해방합니다. 모든 상처를 치유해 주시고 당신의 평화로 채워주시기를 간구합니다. 예수님의 이름으로 기도합니다. 아멘.

19일차: 수치심과 비난으로부터의 치유

수치심은 '나는 나쁘다'라고 말합니다. 정죄는 '나는 결코 자유로울 수 없을 것이다'라고 말합니다. 그러나 예수님은 '너는 내 것이고, 내가 너를 새롭게 했다'라고 말씀하십니다.

"그를 바라보는 자는 빛나고 그 얼굴은 결코 부끄러움으로 덮이지 아니하느니라"
- *시편 34:5*

수치심은 단순한 감정이 아닙니다. 원수의 전략입니다. 그것은 타락하고, 실패하고, 침해당한 자들을 감싸는 망토입니다. 그것은 이렇게 말합니다. "너는 하나님께 가까이 갈 수 없다. 너는 너무 더럽고, 너무 손상되었고, 너무 죄책감에 빠져 있다."
그러나 정죄는 **거짓말 입니다**. 그리스도 안에서는 **정죄가 없기 때문입니다** (로마서 8:1).

자유를 누릴 자격이 없다고 믿기 때문에 꼼짝없이 갇혀 있습니다. 그들은 죄책감을 마치 휘장처럼 달고 다니며, 마치 망가진 레코드판처럼 자신의 최악의 실수를 반복합니다.

예수께서는 여러분의 죄값을 치르셨을 뿐만 아니라, 여러분의 수치심에 대한 대가도 치르셨습니다.

전 세계 수치의 얼굴들
- **아프리카** – 강간, 불임, 자녀 없음, 결혼 실패에 대한 문화적 금기.
- **아시아** – 가족의 기대나 종교적 이탈로 인한 불명예에 기반한 수치심.
- **라틴 아메리카** – 낙태, 신비로운 사건에 대한 죄책감, 가족의 불명예.
- **유럽** – 은밀한 죄, 학대 또는 정신 건강 문제로 인한 숨겨진 수치심.
- **북미** – 중독, 이혼, 음란물, 정체성 혼란으로 인한 수치심.

수치심은 침묵 속에서 번성하지만, 하나님의 사랑의 빛 속에서는 사라집니다.

실화 – 임신 중절 후 새로운 이름

미국에 사는 재스민은 그리스도를 믿기 전 세 번의 낙태를 경험했습니다. 그녀는 구원받았지만, 자신을 용서할 수 없었습니다. 어머니의 날은 언제나 저주처럼 느껴졌습니다. 사람들이 아이와 육아에 대해 이야기할 때마다 그녀는 마치 보이지 않는 존재처럼 느껴졌고, 더 나아가 자신이 무가치하다고 느꼈습니다.

여성 수양회 때 그녀는 이사야 61장에 나오는 "부끄러움 대신 두 몫"이라는 말씀을 들었습니다. 그녀는 울었습니다. 그날 밤, 그녀는 태어나지 않은 아이들에게 편지를 쓰고 주님 앞에서 다시 회개했습니다. 그리고 예수님께서 그녀에게 "*사랑하는*", "*어머니*", "*회복된*"이라는 새 이름을 주시는 환상을 보았습니다.

그녀는 현재 낙태한 여성들을 대상으로 사역을 하며 그들이 그리스도 안에서 정체성을 되찾도록 돕고 있습니다.

행동 계획 – 그림자에서 나오세요

1. **부끄러움을 말해보세요** – 숨기거나 죄책감을 느낀 일을 일기에 적어보세요.
2. **거짓말을 고백하세요** – 당신이 믿었던 비난을 적어보세요(예: "나는 더럽다", "나는 실격이다").
3. **진실로 대체하세요** – 하나님의 말씀을 당신 자신에게 큰 소리로 선포하세요(아래 성경 참조).
4. **예언적 행동** – 종이에 "부끄러움(SHAME)"이라는 단어를 쓰고 찢거나 태우세요. "*나는*

더 이상 이것에 얽매이지 않는다!" 라고 선언하세요.

성경 도구

- *로마서 8:1-2* - 그리스도 안에서는 정죄함이 없음
- *이사야 61:7* - 수치를 위한 두 배의 몫
- *시편 34:5* - 그의 임재 안에서의 광채
- *히브리서 4:16* - 하나님의 보좌에 담대히 나아가다
- *스바냐 3:19-20* - 하나님께서 이방인들 가운데서 수치를 제거하신다

단체 신청 및 사역

- 참가자들에게 익명으로 수치심에 대한 진술문 (예: "낙태를 했습니다", "학대를 받았습니다", "사기죄를 저질렀습니다")을 쓰고 밀폐된 상자에 넣도록 합니다.
- 이사야 61장을 큰 소리로 읽은 다음, 애통 대신 기쁨을, 재 대신 아름다움을, 수치 대신 명예를 위한 기도를 드리세요.

- 그리스도 안에서의 정체성을 강조하는 예배 음악을 연주하세요.
- 놓아줄 준비가 된 사람들에게 예언적인 말씀을 전하세요.

사역 도구:
- 신분증
- 기름 부음
- "You Say" (Lauren Daigle), "No Longer Slaves," 또는 "Who You Say I Am"과 같은 노래가 담긴 찬양 플레이리스트

주요 통찰력

수치심은 도둑입니다. 당신의 목소리, 기쁨, 그리고 권위를 훔쳐 갑니다. 예수님은 당신의 죄를 용서하셨을 뿐만 아니라, 수치심의 힘을 빼앗아 가셨습니다.

반성 일지

- 내가 기억할 수 있는 가장 오래된 수치심의 기억은 무엇입니까?
- 나는 나 자신에 대해 어떤 거짓말을 믿고 있었던 걸까?
- 나는 하나님께서 보시는 나 자신을 깨끗하고 빛나고 선택받은 존재로 볼 준비가 되었는가?

치유의 기도

주 예수님, 제 수치심과 숨겨진 고통, 그리고 모든 정죄의 목소리를 당신께 드립니다. 원수의 거짓말에 동조했던 것을 회개합니다. 제가 용서받고 사랑받으며 새롭게 되었다는 당신의 말씀을 믿기로 선택합니다. 당신의 의의 옷을 받고 자유로 나아갑니다. 수치심에서 벗어나 당신의 영광으로 나아갑니다. 예수님의 이름으로 기도합니다. 아멘.

20일차: 가정의 마법 - 어둠이 같은 지붕 아래 살 때

"모든 적이 밖에 있는 건 아니야. 어떤 적은 친숙한 얼굴을 하고 있어."
"사람의 원수는 자기 집안 식구일 것이다."
- 마태복음 *10:36*

가장 격렬한 영적 전투 중 일부는 숲이나 신사가 아닌 침실, 부엌, 가족 제단에서 벌어집니다.
가정 마법은 부모, 배우자, 형제 자매, 집안 직원 또는 친척 등 가족 내에서 질투, 신비로운 행위, 조상 제단 또는 직접적인 영적 조작을 통해 시작되는 악마적 행위를 말합니다.
우리가 사랑하는 사람이나 함께 사는 사람들이 관련된 경우 복잡해집니다.

가정 마법의 세계적 사례

- **아프리카** - 질투심 많은 계모가 음식을 통해 저주를 보낸다. 형제자매가 자신보다 더 성공한 형을 상대로 악령을 불러들인다.

- **인도와 네팔** - 어머니는 아이가 태어나면 신에게 바치고, 집안의 제단은 운명을 조종하는 데 사용됩니다.
- **라틴 아메리카** - 친척들이 배우자나 자녀를 조종하기 위해 비밀리에 행하는 브루헤리아나 산테리아.
- **유럽** - 가문의 혈통 속에 숨겨진 프리메이슨이나 오컬트 서약, 심령적 또는 영성적 전통이 전해져 내려옴.
- **북미** - 위칸이나 뉴에이지 부모가 수정, 에너지 정화, 타로 등으로 자녀를 "축복" 합니다.

이러한 힘은 가족의 애정 뒤에 숨어 있을지 모르지만 그 목적은 통제, 침체, 질병, 영적 속박입니다.

실화 - 마을의 예언자, 나의 아버지
서아프리카 출신의 한 여성은 아버지가 마을에서 매우 존경받는 예언자였던 가정에서 자랐습니다. 외부인들에게 아버지는 영적 지도자였습니다. 그는 닫힌 문 뒤에서 저택 안에 부적을 묻어두고, 호의나 복수를 바라는 가족들을 위해 희생을 치렀습니다. 그녀의 삶에는 이상한 패턴들이 나타났다. 반복되는 악몽, 실패한 관계, 그리고 설명할 수 없는 질병.

그녀가 그리스도께 삶을 바쳤을 때, 아버지는 그녀를 등지고 자신의 도움 없이는 결코 성공할 수 없을 것이라고 선언했다. 그녀의 삶은 수년간 소용돌이쳤다.

몇 달 동안 자정 기도와 금식을 한 후, 성령의 인도로 그녀는 아버지의 신비주의적 망토와 맺어진 모든 영혼의 끈을 끊었습니다. 그녀는 벽에 성경을 묻고, 오래된 상징물을 태우고, 매일 문지방에 기름을 부었습니다. 서서히 돌파구가 열리기 시작했습니다. 건강이 회복되었고, 꿈이 맑아졌으며, 마침내 결혼했습니다. 이제 그녀는 가정의 제단에 직면한 다른 여성들을 돕고 있습니다.

행동 계획 – 친숙한 정신에 맞서기

1. **불명예 없이 분별하세요** – 증오 없이 숨겨진 힘을 드러내시도록 하나님께 기도하세요.
2. **영혼의 약속을 깨세요** – 의식, 제단, 구두 맹세를 통해 맺은 모든 영적인 유대를 포기하세요.
3. **영적으로 분리됨** – 같은 집에 살고 있더라도 기도를 통해 **영적으로 단절될 수 있습니다**.
4. **당신의 공간을 거룩하게 하세요** – 모든 방, 물건, 문지방에 기름과 성경을 바르세요.

성경 도구
- *미가 7:5-7* - 이웃을 신뢰하지 말라
- *시편 27:10* - "나의 아버지와 어머니가 나를 버렸어도…"
- *누가복음 14:26* - 가족보다 그리스도를 더 사랑함
- *열왕기하 11:1-3* - 살인적인 왕비로부터 숨겨진 구원
- *이사야 54:17* - 어떤 무기도 형통하지 못할 것이다

그룹 신청
- 가족 내에서 반대가 있었던 경험을 공유해 보세요.
- 집안의 저항에 맞서 지혜와 담대함, 사랑을 기도하세요.
- 친척이 한 모든 영혼의 유대감이나 욕설을 포기하고 기도를 드리세요.

사역 도구:
- 기름 부음
- 용서 선언
- 언약 해제 기도
- 시편 91편 기도문

주요 통찰력

혈통은 축복이 될 수도 있고, 전쟁터가 될 수도 있습니다. 당신은 혈통의 지배를 받는 것이 아니라 구원을 위해 부름받았습니다.

반성 일지

- 가까운 사람으로부터 영적인 저항을 받은 적이 있나요?
- 아직도 마법을 부리고 있다 하더라도, 용서해야 할 사람이 있을까?
- 나는 관계를 잃게 되더라도 다른 사람들과 차별화되는 것을 기꺼이 할 수 있을까?

분리와 보호의 기도

아버지, 가장 큰 반대는 가장 가까운 사람들에게서 올 수 있음을 인정합니다. 고의든 무의식이든 제 운명에 어긋나는 모든 가족 구성원을 용서합니다. 당신의 나라와 일치하지 않는 모든 영혼의 끈, 저주, 그리고 제 가문을 통해 맺어진 언약을 끊습니다. 예수님의 보혈로 제 집을 거룩하게 하며 선포합니다. 저와 제 가족은 주님을 섬기겠습니다. 아멘.

21일차: 이세벨 영 - 유혹, 통제, 종교적 조작

"그러나 네게 책망할 것이 있노라. 자칭 선지자라 하는 이세벨이라는 여자를 네가 용납하는도다. 그녀는 그 가르침으로 사람들을 미혹하고…" - 요한계시록 2:20

"그녀의 종말은 갑자기 임하여 구제할 수 없으리라." - 잠언 6:15

어떤 영들은 밖에서 소리칩니다.
이세벨은 안에서 속삭입니다.
그녀는 유혹만 하는 것이 아니라, **권력을 찬탈하고, 조종하고, 타락시켜** 사역을 산산이 조각내고, 결혼 생활을 질식시키며, 나라들을 반역의 유혹에 빠뜨립니다.

이세벨 영이란 무엇인가?

이세벨의 영:

- 예언을 흉내내어 오도하다
- 매력과 유혹을 이용해 통제한다
- 진정한 권위를 미워하고 선지자들을 침묵시킨다

- 거짓된 겸손 뒤에 숨은 자존심
- 종종 리더십이나 그와 가까운 사람들에게 붙어 다닙니다.

남성과 여성을 통해 작용할 수 있으며, 견제되지 않는 권력, 야망, 거부가 치유되지 않는 곳에서 번성합니다.

글로벌 매니페스테이션
- **아프리카** - 제단을 조작하고 두려움을 가지고 충성을 요구하는 거짓 여예언자들.
- **아시아** - 종교적 신비주의자들이 유혹과 환상을 섞어 영적 세계를 지배합니다.
- **유럽** - 고대 여신 숭배가 뉴에이지 관행에서 권한 부여라는 이름으로 부활했습니다.
- **라틴 아메리카** - 산테리아 여사제들이 "영적 조언"을 통해 가족을 통제합니다.
- **북미** - 소셜 미디어 인플루언서들이 성경적 복종, 권위, 순결을 조롱하면서 "신성한 여성성"을 홍보합니다.

실제 이야기: *제단에 앉은 이세벨*

카리브해의 한 나라에서, 하나님을 향한 열정으로 불타던 교회가 서서히, 미묘하게 빛을 잃기 시작했습니다. 한때 자정 기도를 위해 모였던 중보기도 모임은 흩어지기 시작했습니다.
청소년부는 스캔들에 휩싸였습니다. 교회 내 결혼
생활은 파탄 나기 시작했고, 한때 열정적이었던
목사는 우유부단해지고 영적으로 지쳐갔습니다.
그 모든 것의 중심에는 한 여성이 있었습니다. 바로
R 자매였습니다. 아름답고 카리스마 넘치며 관대한
그녀는 많은 사람들의 존경을 받았습니다. 그녀는
항상 "주님으로부터 온 말씀"을 간직했고, 다른
모든 사람들의 운명에 대한 꿈을 품고 있었습니다.
교회 사업에 아낌없이 기부했고, 목사님과 가까운
자리에 앉을 수 있었습니다.
그녀는 은밀하게 **다른 여성들을 비방하고**, 젊은
목사를 유혹하고, 분열의 씨앗을 뿌렸습니다.
그녀는 스스로를 영적 권위자로 내세우면서 동시에
실제 지도부를 조용히 약화시켰습니다.
어느 날 밤, 교회에 다니는 십 대 소녀가 생생한
꿈을 꾸었습니다. 설교단 아래에 뱀 한 마리가
똬리를 틀고 마이크에 대고 속삭이는 것을 본
것입니다. 겁에 질린 소녀는 그 꿈을 어머니에게
이야기했고, 어머니는 그것을 목사님께
가져왔습니다.
지도부는 하느님의 인도를 구하기 위해 **3일간 금식
하기로 결정했습니다**. 3일째 되는 날, 기도 시간
중에 R 수녀가 격렬하게 나타나기 시작했습니다.

그녀는 쉿쉿거리고, 비명을 지르고, 다른 사람들을 마녀라고 비난했습니다. 그러자 강력한 구원이 뒤따랐고, 그녀는 고백했습니다. 그녀는 10대 후반에 영적 단체에 입문하여 **교회에 침투하여 "불꽃을 훔치라는" 임무를 받았다고 했습니다.** 그녀는 이 교회 이전에도 이미 **다섯 개의 교회에 다녀본 적이 있었다**. 그녀의 무기는 시끄럽지 않았다. **아첨, 유혹, 감정 조절**, 그리고 예언적 조종이었다.

오늘날 그 교회는 제단을 재건했고, 설교단도 다시 헌당했습니다. 그리고 그 어린 십 대 소녀는요? 그녀는 이제 여성 기도 운동을 이끄는 열정적인 전도자가 되었습니다.

행동 계획 - 이세벨에 맞서는 방법

1. 조종, 성적 통제, 영적 교만에 협력한 모든 행위를 **회개하세요**.
2. **분별해 보세요**. 아첨, 반항, 유혹, 거짓 예언.
3. **영혼의 유대**와 부정한 동맹을 끊으세요. 특히 여러분을 하나님의 음성에서 멀어지게 하는 사람과의 관계는 더욱 그렇습니다.
4. **당신의 권위를 선포하십시오**. 이세벨은 자신이 누구인지 아는 자들을 두려워합니다.

성경 무기고:
- 열왕기상 18-21장 - 이세벨 대 엘리야
- 요한계시록 2:18-29 - 티아티라에 대한 그리스도의 경고
- 잠언 6:16-19 - 하나님이 미워하시는 것
- 갈라디아서 5:19-21 - 육체의 행위

그룹 신청
- 토론: 영적 조종을 목격한 적이 있나요? 어떻게 위장했나요?
- 그룹으로서 이세벨에 대한 "불관용" 정책을 교회, 가정, 리더십에서 선언하세요.
- 필요하다면 그녀의 영향력을 끊기 위해 **구원기도를 하거나 금식하세요.**
- 훼손된 사역이나 제단을 다시 헌납하세요.

사역 도구: 기름 부음 기름을 사용하십시오.
고백과 용서를 위한 공간을 마련하십시오.
예수님의 주되심을 선포하는 찬양을 부르십시오.

주요 통찰력
이세벨은 분별력이 낮고 관용이 높은 곳에서 번성합니다. **영적 권위**가 깨어나면서 그녀의 통치는 끝납니다.

반성 일지

- 나는 조종에 이끌려 왔는가?
- 내가 하나님의 음성보다 더 중요하게 여기는 사람이나 영향력이 있는가?
- 두려움이나 통제 때문에 예언의 목소리를 침묵시켰는가?

구원의 기도

주 예수님, 이세벨의 영과의 모든 동맹을 끊습니다. 유혹과 통제, 거짓 예언, 그리고 조종을 거부합니다. 제 마음에서 교만과 두려움, 그리고 타협을 깨끗이 씻어주소서. 제 권위를 되찾습니다. 이세벨이 제 삶에 세운 모든 제단을 허물어뜨리소서. 예수님, 당신께서 제 관계와 부르심, 그리고 사역의 주님이심을 고백합니다. 제게 분별력과 담대함을 채워주소서. 당신의 이름으로 기도합니다. 아멘.

22일차: 비단뱀과 기도 - 억압의 정신을 깨다

"우리가 기도하는 곳으로 가다가 파이썬 귀신 들린 여종 한 명을 만났습니다…" - 사도행전 16:16
"너는 사자와 독사를 밟을 것이다…" - 시편 91:13

물지 않는 영이 있습니다. 오히려 **꽉 쥐어짜고**, 당신의 불을 질식시킵니다. 당신의 기도, 호흡, 예배, 그리고 당신의 훈련을 휘감아 돌다가, 결국 한때 당신에게 힘을 주었던 것을 포기하기 시작합니다.

파이썬의 정신입니다. **영적 성장을 방해하고, 운명을 지연시키고, 기도를 억누르고, 예언을 위조하는** 악마적인 힘입니다.

글로벌 매니페스테이션

- **아프리카** - 파이썬 영혼은 바다와 숲의 신사에서 활동하는 거짓 예언의 힘으로 나타납니다.
- **아시아** - 뱀 영혼은 먹이를 주거나 달래야 하는 신으로 숭배되었습니다.

- **라틴 아메리카** – 산테리아 뱀 모양의 제단은 부, 욕망, 권력을 상징합니다.
- **유럽** – 마법, 점술, 심령술 분야에서의 뱀 상징.
- **북미** – 반항과 영적 혼란에 뿌리를 둔 가짜 "예언"의 목소리.

증언: *숨을 쉴 수 없었던 소녀*
콜롬비아 출신의 마리솔은 기도하려고 무릎을 꿇을 때마다 숨이 가빠지기 시작했습니다. 가슴이 답답했습니다. 꿈속에서는 뱀이 목에 휘감기거나 침대 밑에 누워 있는 모습이 가득했습니다.
의사들은 의학적으로 아무런 문제도 발견하지 못했습니다.
어느 날, 할머니는 마리솔이 어렸을 때 뱀의 모습으로 나타난다고 알려진 산의 정령에게 "헌신" 했다고 고백했습니다. "**수호의 정령**"이었지만, 대가를 치러야 했습니다.
구원 집회 중, 마리솔은 누군가 자신에게 손을 얹자 격렬하게 비명을 지르기 시작했습니다. 그녀는 배와 가슴에서 무언가가 움직이는 것을 느꼈고, 그다음에는 입에서 공기가 뿜어져 나오는 것 같았습니다.

그 만남 이후, 숨 가쁨은 사라졌습니다. 그녀의 꿈은 바뀌었습니다. 그녀는 기도 모임을 인도하기 시작했습니다. 원수가 한때 그녀에게서 목을 조르려 했던 바로 그 기도였습니다.

당신이 파이썬 정신의 영향을 받고 있다는 징후
- 기도하거나 예배를 드릴 때마다 피로와 무거움이 느껴집니다.
- 예언적 혼란이나 기만적인 꿈
- 끊임없이 숨 막힘, 막힘, 묶임의 느낌
- 명확한 원인 없이 우울증이나 절망감에 시달리는 경우
- 영적 욕망이나 동기의 상실

행동 계획 - 제약 해소
1. 신비주의, 초능력, 조상숭배와 관련된 모든 일을 **회개하세요**.
2. **당신의 몸과 정신을 오직 하나님의 소유라고 선언하세요.**
3. 이사야 27:1과 시편 91:13을 사용하여 **금식과 전쟁을 설명 합니다.**
4. **목과 가슴과 발에 기름을 바르고** 진실 안에서 말하고 숨쉬고 걷는 자유를 주장하십시오.

구원에 관한 성경구절:

- 사도행전 16:16-18 – 바울이 파이썬 영을 쫓아냄
- 이사야 27:1 – 하나님께서 도망치는 뱀 리바이어던을 벌하시다
- 시편 91편 – 보호와 권위
- 누가복음 10:19 – 뱀과 전갈을 짓밟는 능력

그룹 신청
- 질문하세요: 무엇이 우리의 기도 생활을 개인적으로, 그리고 공동체적으로 방해하고 있습니까?
- 그룹 호흡 기도를 인도하세요. 즉, 모든 구성원에게 **하나님의 호흡** (루아흐)을 선포하세요.
- 예배와 중보에 있어서 모든 거짓 예언적 영향력이나 뱀과 같은 압력을 깨뜨리십시오.

사역 도구: 플루트나 호흡 악기를 사용한 예배, 상징적인 밧줄 자르기, 자유롭게 호흡하기 위한 기도 스카프.

주요 통찰력

파이썬의 영은 하나님이 낳고자 하는 것을 질식시킵니다. 당신의 숨결과 담대함을 되찾으려면 이 영과 맞서 싸워야 합니다.

반성 일지

- 내가 마지막으로 기도하면서 온전한 자유를 느낀 것은 언제였을까?
- 내가 무시해 온 영적 피로의 징후가 있는가?
- 나는 자신도 모르게 더 큰 혼란을 가져다주는 "영적 조언"을 받아들였는가?

구원의 기도

아버지, 예수님의 이름으로, 제 목적을 억누르려고 작정한 모든 속박하는 영을 깨뜨립니다. 비단뱀의 영과 모든 거짓 예언의 목소리를 거부합니다. 당신의 영의 숨결을 받아들이고 선포합니다. 자유롭게 숨 쉬고, 담대하게 기도하며, 바르게 행하겠습니다. 제 삶을 휘감고 있던 모든 뱀이 끊어지고 쫓겨납니다. 이제 구원을 받습니다. 아멘.

23일차: 불의의 왕좌 - 영토적 요새를 무너뜨리다

"율법으로 악을 도모하는 불의의 왕좌가 어찌 주와 교제하겠나이까?" - 시편 94:20

"우리의 씨름은 혈육과 싸우는 것이 아니요… 어둠의 주관자들과 싸우는 것이니라…" - 에베소서 6:12

도시, 국가, 가족, 체제에 자리 잡은 보이지 않는 **왕좌가** 있는데, 그곳에서 악마의 세력은 계약, 법률, 우상 숭배, 장기간의 반란을 통해 **합법적으로 통치합니다**.

이는 무작위적인 공격이 아닙니다. 이는 **권력을 장악한 세력 이며**, 여러 세대에 걸쳐 악을 영속시키는 구조에 깊이 뿌리내린 세력입니다. 이러한 왕좌가 **영적으로 해체 될 때까지는** 아무리 표면적으로 기도를 드려도 어둠의 순환은 계속될 것입니다.

글로벌 요새와 왕좌

- **아프리카** - 왕족의 혈통과 전통 의회 속의 마녀의 왕좌.

- **유럽** - 세속주의, 프리메이슨, 합법적인 반란의 왕좌.
- **아시아** - 조상 사원과 정치 왕조의 우상 숭배의 왕좌.
- **라틴 아메리카** - 마약 테러, 살인 숭배, 부패의 왕좌.
- **북미** - 변태, 임신중절, 인종적 억압의 왕좌.

이러한 왕좌는 결정에 영향을 미치고, 진실을 억누르고, **운명을 집어삼킨다**.

증언: *시의원의 구출*

남아프리카의 한 도시에서 새로 선출된 기독교 의원은 자신보다 먼저 선출된 공직자들이 모두 미쳤거나 이혼했거나 갑자기 사망한 것을 알게 되었습니다.

며칠간의 기도 끝에, 주님께서 시청사 아래에 묻힌 **피의 제사의 보좌를 드러내셨습니다. 한 지역 예언자가 오래전에 영토 주장의 일환으로 부적을 심어 두었던 것입니다.**

의원은 중보기도를 모아 금식하고 자정에 의회 회의실에서 예배를 드렸습니다. 3일 밤 동안 직원들은 벽에서 이상한 비명 소리가 들렸고, 전기가 끊겼다고 보고했습니다.

일주일 만에 자백이 시작되었고, 부패한 계약들이 폭로되었으며, 몇 달 만에 공공 서비스가 개선되었습니다. 왕위는 몰락했습니다.

행동 계획 - 어둠의 폐위
1. **왕좌를 찾으세요**. 주님께 당신의 도시, 사무실, 혈통, 지역에 있는 영토적 요새를 보여달라고 기도하세요.
2. **땅을 대신하여 회개하라** (다니엘 9장 스타일의 중보).
3. **전략적으로 예배하라**. 하나님의 영광이 임하면 왕좌는 무너진다(역대하 20장 참조).
4. 그 영역의 유일하고 참된 왕은 **예수라고 선포하라**.

앵커 성경:
- 시편 94:20 - 죄악의 왕좌
- 에베소서 6:12 - 통치자들과 권세자들
- 이사야 28:6 - 싸움을 치르는 자에게는 정의의 영이 임함
- 열왕기하 23장 - 요시야가 우상 제단과 왕좌를 파괴하다

그룹 참여

- 동네나 도시에 대한 "영적 지도" 세션을 실시하세요.
- 질문: 여기에는 어떤 죄, 고통, 억압의 순환이 있나요?
- 학교, 법원, 시장 등 주요 관문 위치에서 매주 기도할 "파수꾼"을 임명하세요.
- 시편 149:5-9을 사용하여 영적 통치자에 대한 집단의 법령을 주도합니다.

목회 도구: 쇼파, 도시 지도, 땅을 봉헌하기 위한 올리브 오일, 기도 산책 가이드.

주요 통찰력

도시에서 변화를 보고 싶다면, **시스템 뒤에 있는 왕좌에 도전해야 합니다**. 시스템 앞에 있는 얼굴만이 아니라요.

반성 일지

- 내가 사는 도시나 가족 내에서 나보다 더 큰 싸움이 반복되고 있나요?
- 내가 즉위시키지 않은 왕좌와의 싸움을 물려받았는가?
- 기도에서 어떤 "통치자"를 몰아내야 할까요?

전쟁의 기도

오 주님, 제 영토를 지배하는 모든 불의의 보좌를 드러내소서. 저는 예수님의 이름을 유일한 왕으로 선포합니다! 모든 숨겨진 제단, 율법, 계약, 그리고 어둠을 강요하는 권세를 불로 흩어지게 하소서. 저는 중보자로 제 자리를 차지합니다. 어린 양의 피와 제 간증의 말씀으로 저는 보좌들을 무너뜨리고 그리스도를 제 집과 도시와 나라 위에 즉위시킵니다. 예수님의 이름으로 기도합니다. 아멘.

24일차: 영혼의 조각들 – 당신의 일부가 사라졌을 때

"그는 내 영혼을 회복시키시고…" - 시편 23:3
"내가 네 상처를 고치리라 여호와의 말씀이니라 네가 버림받은 자라 불리우므로…" - 예레미야 30:17

트라우마는 영혼을 산산이 조각내는 법입니다. 학대, 거부, 배신, 갑작스러운 두려움, 오래 지속되는 슬픔. 이러한 경험들은 단순히 기억만 남기는 것이 아니라, **내면의 자아를 파괴합니다**.

많은 사람들이 온전해 보이지만 정작 **자신의 일부는 사라진 채 살아갑니다**. 그들의 기쁨은 산산이 조각나고, 정체성은 흩어집니다. 그들은 감정의 시간대에 갇혀 있습니다. 고통스러운 과거에 갇혀 있는 그들 중 일부는 고통스러운 과거에 갇혀 있는 반면, 몸은 계속해서 늙어갑니다.

이는 **영혼의 파편 입니다**. 즉, 트라우마, 악마의 간섭 또는 마법의 조작으로 인해 끊어진 감정적, 심리적, 영적 자아의 일부입니다.

그 조각들이 예수님을 통해 모아지고, 치유되고, 다시 통합될 때까지는 **진정한 자유는 이루기 어렵습니다**.

전 세계 영혼 도용 관행
- **아프리카** – 주술사들이 사람들의 "정수"를 항아리나 거울에 담는다.
- **아시아** – 구루나 탄트라 수행자들이 행하는 영혼 가두기 의식.
- **라틴 아메리카** – 통제나 저주를 위해 샤머니즘의 영혼 분열.
- **유럽** – 정체성을 파괴하거나 호의를 훔치기 위해 신비로운 거울 마법이 사용됩니다.
- **북미** – 학대, 낙태 또는 정체성 혼란으로 인한 트라우마는 종종 깊은 영혼의 상처와 분열을 초래합니다.

스토리: *감정을 느낄 수 없는 소녀*

스페인 출신의 25세 안드레아는 가족에게 수년간 학대를 당했습니다. 예수님을 영접했지만, 그녀는 여전히 감정적으로 무감각했습니다. 울 수도, 사랑할 수도, 공감할 수도 없었습니다.
방문 목사가 그녀에게 이상한 질문을 던졌습니다. "기쁨을 어디에 두고 왔니?" 안드레아는 눈을 감으며 아홉 살 때 옷장에 웅크리고 앉아 "다시는 이런 감정을 느낄 수 없을 거야"라고 말했던 기억이 떠올랐습니다.

그들은 함께 기도했습니다. 안드레아는 용서하고, 내면의 맹세를 포기하고, 예수님을 그 특별한 기억 속으로 초대했습니다. 그녀는 몇 년 만에 처음으로 주체할 수 없이 울었습니다. 그날, **그녀의 영혼은 회복되었습니다** .

행동 계획 - 영혼 회복 및 치유

1. 성령께 물어보세요: *나는 어디에서 나 자신의 일부를 잃어버렸나요?*
2. 그 순간에 연루된 모든 사람을 용서하고, "다시는 믿지 않겠어"와 같은 **내면의 맹세를 포기하세요** .
3. 예수님을 기억 속으로 초대하고, 그 순간에 치유의 말씀을 전하세요.
4. 기도하세요: *"주님, 제 영혼을 회복시켜 주소서. 제 안의 모든 조각들이 돌아와 온전해지기를 간구합니다."*

주요 성경구절:
- 시편 23:3 - 그는 영혼을 회복시키신다
- 누가복음 4:18 - 상한 마음을 고치심

- 데살로니가전서 5:23 - 영과 혼과 몸이 보존됨
- 예레미야 30:17 - 버림받은 자와 상처받은 자의 치유

그룹 신청
- 회원들을 대상으로 가이드를 통한 **내면 치유 기도 세션을 진행합니다**.
- 질문: *당신의 삶에서 더 이상 신뢰하거나, 느끼거나, 꿈꾸지 않게 된 순간이 있었나요?*
- 예수님과 함께 "그 방으로 돌아가서" 롤플레잉을 하며 그분이 상처를 치유하는 모습을 지켜보세요.
- 신뢰할 수 있는 지도자들이 머리에 손을 얹고 영혼의 회복을 선언합니다.

사역 도구: 예배 음악, 부드러운 조명, 티슈, 일기 쓰기 자료.

주요 통찰력
구원은 단순히 악령을 쫓아내는 것이 아닙니다.
깨진 조각들을 모아 정체성을 회복하는 것 입니다.

반성 일지
- 오늘날에도 여전히 내 생각이나 감정을 지배하는 충격적인 사건은 무엇인가?

- 내가 "다시는 사랑하지 않을 거야" 또는 "더 이상 누구도 믿을 수 없어"라고 말한 적이 있나요?
- 나에게 '완전함'이란 어떤 모습일까? 그리고 나는 그것에 준비가 되어 있을까?

회복의 기도

예수님, 당신은 제 영혼의 목자이십니다. 두려움, 수치심, 고통, 배신으로 산산이 조각난 모든 곳을 당신께 데려갑니다. 트라우마 속에서 내뱉어진 모든 내면의 맹세와 저주를 깨뜨립니다. 저에게 상처를 준 사람들을 용서합니다. 이제 제 영혼의 모든 조각이 돌아오기를 간구합니다. 영과 혼과 육을 온전히 회복시켜 주소서. 저는 영원히 부서지지 않습니다. 당신 안에서 온전합니다. 예수님의 이름으로 기도합니다. 아멘.

25일차: 이상한 아이들의 저주 - 태어날 때 운명이 바뀌는 경우

"그들의 자식들은 낯선 자식들이니 이제 한 달이 그들의 몫과 함께 그들을 삼켜버릴 것이다." - 호세아 5:7

"내가 너를 모태에서 짓기 전에 너를 알았노라…" - 예레미야 1:5

모든 아이가 그 가정에 맞는 건 아닙니다.
당신의 DNA를 지닌 모든 아이가 당신의 유산을 물려받는 건 아닙니다.
적은 오랫동안 **출산을 전쟁터로 이용해 왔습니다**.
운명을 바꾸고, 가짜 자손을 심고, 아기에게 어둠의 언약을 맺게 하고, 임신이 시작되기도 전에 자궁을 손상시킵니다.
이것은 단순히 물리적인 문제가 아닙니다. 제단, 희생 제사, 그리고 악마적인 율법을 포함하는 **영적인 거래 입니다**.

이상한 아이들이란?
"이상한 아이들"은 다음과 같습니다.

- 신비로운 헌신, 의식 또는 성적 계약을 통해 태어난 아이들.
- 자손은 태어날 때 (영적으로나 육체적으로) 바뀌었습니다.
- 가족이나 혈통에 어두운 임무를 지닌 아이들.
- 마법, 흑마법, 대대로 이어져 온 제단을 통해 자궁 속에서 포로로 잡힌 영혼.

많은 아이들이 반항심, 중독, 부모나 자기 자신에 대한 증오 속에서 자랍니다. 이는 단지 나쁜 양육 때문만이 아니라 **태어날 때 영적으로 자신을 데려간 사람 때문에 그렇습니다** .

글로벌 표현

- **아프리카** – 병원에서의 영적 교류, 해양 정령을 통한 자궁 오염, 의례적 성행위.
- **인도** – 아이들은 태어나기 전에 사원이나 카르마에 따른 운명에 입문합니다.
- **아이티와 라틴 아메리카** – 산테리아 헌신, 제단이나 주문으로 임신한 아이들.
- **서방 국가들** – 시험관 수정 및 대리모 관행은 때때로 신비로운 계약이나 기증자 혈통과 연관되어 있으며, 영적인 문을 열어둔 낙태입니다.

- **전 세계의 토착 문화** – 영혼의 명명 의식이나 토템적 정체성 전달.

스토리: *잘못된 영혼을 가진 아기*

우간다 출신 간호사 클라라는 한 여성이 갓난아기를 기도 모임에 데려온 이야기를 들려주었습니다. 아이는 끊임없이 울부짖고, 우유를 거부하고, 기도에 격렬하게 반응했습니다. 예언적인 말씀이 아기가 태어날 때 영으로 "바뀌었다"는 것을 보여주었습니다. 어머니는 아이를 간절히 원하던 중, 주술사가 자신의 배를 위해 기도해 주었다고 고백했습니다. 회개와 간절한 구원 기도를 통해 아기는 축 늘어졌다가 다시 평화를 되찾았습니다. 아이는 나중에 건강하게 성장하며 회복된 평화와 성장의 징조를 보였습니다.

아이들의 모든 고통은 자연적으로 발생하는 것은 아닙니다. 어떤 고통은 **임신 초기부터 나타나는 경우도 있습니다**.

행동 계획 – 자궁 운명을 되찾다

1. 여러분이 부모라면, **여러분의 자녀를 예수 그리스도께 새롭게 헌신하십시오**.

2. 태아에게 가해진 저주, 헌신, 성약 등을 버리십시오. 심지어 조상이 자신도 모르게 한 것이라 할지라도 말입니다.
3. 기도를 통해 자녀의 영혼에 직접 말씀하세요. *"너는 하나님께 속해 있다. 너의 운명은 회복되었다."*
4. 자녀가 없다면, 모든 형태의 영적 조작이나 훼손을 거부하고 자궁을 위해 기도하세요.

주요 성경구절:

- 호세아 9:11-16 - 낯선 씨앗에 대한 심판
- 이사야 49:25 - 자녀를 위해 다투다
- 누가복음 1:41 - 태중에서부터 성령으로 충만한 아이들
- 시편 139:13-16 - 자궁 속의 하나님의 의도적인 설계

그룹 참여

- 부모님께서 자녀의 이름이나 사진을 가져오시기 바랍니다.
- 각 이름 위에 이렇게 선언합니다. "자녀의 정체성이 회복되었습니다. 모든 낯선 손이 잘렸습니다."
- 모든 여성(과 영적 씨앗의 운반자인 남성)의 영적인 자궁 정화를 위해 기도해 주세요.

- 성찬을 통해 혈통의 운명을 되찾는다는 것을 상징합니다.

사역 도구: 성찬식, 기름 부음, 인쇄된 이름 또는 아기용품(선택 사항).

주요 통찰력

사탄이 자궁을 노리는 이유는 **그곳에서 선지자, 전사, 그리고 운명이 형성되기 때문입니다**. 하지만 모든 아이는 그리스도를 통해 회복될 수 있습니다.

반성 일지

- 임신 중이나 출산 후에 이상한 꿈을 꾼 적이 있나요?
- 내 아이들이 자연스럽지 않은 방식으로 어려움을 겪고 있나요?
- 나는 세대적 반항이나 지연의 영적인 기원에 맞설 준비가 되었는가?

회복의 기도

아버지, 제 태와 후손, 그리고 자녀들을 당신의 제단으로 데려옵니다. 원수가 들어오도록 허락한 모든 문, 알려진 문이든 알려지지 않은 문이든, 저는 회개합니다. 제 자녀들에게 얽매인 모든 저주와 헌신, 그리고 악마의 사명을 깨뜨립니다.

저는 그들에게 말합니다. 당신은 거룩하고, 하나님의 영광을 위해 택함받았으며, 인치심을 받았습니다. 당신의 운명은 구원받았습니다. 예수님의 이름으로 기도합니다. 아멘.

26일차: 숨겨진 권능의 제단 - 엘리트 오컬트 계약으로부터 벗어나다

"마귀가 다시 예수님을 데리고 매우 높은 산으로 가서 세상의 모든 나라와 그 영광을 보여 주며, '네가 내게 엎드려 경배하면 이 모든 것을 네게 주리라' 하고 말했습니다." - 마태복음 4:8-9

많은 사람들은 사탄의 힘이 비밀스러운 의식이나 어두운 마을에서만 발견된다고 생각합니다. 하지만 가장 위험한 계약 중 일부는 세련된 정장, 엘리트 클럽, 그리고 여러 세대에 걸친 영향력 뒤에 숨겨져 있습니다.

이것들은 피의 맹세, 입문, 비밀 상징, 그리고 개인, 가족, 심지어 국가 전체를 루시퍼의 지배에 묶는 구두 서약으로 형성된 **권력의 제단 입니다** . 프리메이슨부터 카발라 의식, 동양의 별 입문부터 고대 이집트와 바빌로니아의 신비 학파에 이르기까지, 이것들은 깨달음을 약속하지만 결국에는 속박을 초래합니다.

글로벌 커넥션
- **유럽 및 북미** – 프리메이슨, 장미십자회, 황금여명회, 스컬 앤 본즈, 보헤미안 그로브, 카발라 입문.
- **아프리카** – 정치적 혈맹, 통치권을 위한 조상 영혼의 거래, 높은 수준의 마녀사냥 동맹.
- **아시아** – 빛나는 사회, 용 영혼 계약, 고대 마법과 관련된 혈통 왕조.
- **라틴 아메리카** – 정치적 산테리아, 카르텔과 연계된 의례적 보호, 성공과 면책을 위해 만들어진 협정.
- **중동** – 고대 바빌로니아, 아시리아의 의식이 종교적 또는 왕실적 모습으로 전해졌습니다.

증언 – 프리메이슨의 손자가 자유를 찾다

아르헨티나의 유력한 가문에서 자란 카를로스는 할아버지가 프리메이슨 33단에 도달했다는 사실을 전혀 몰랐습니다. 수면 마비, 관계 파괴, 그리고 아무리 노력해도 발전이 없는 등 이상한 증상들이 그의 삶을 괴롭혔습니다.
엘리트 오컬트와의 연관성을 폭로하는 구원 교리 교육에 참석한 후, 그는 자신의 가족사를 들여다보고 프리메이슨의 예복과 숨겨진 일기를 발견했습니다. 자정 금식 중에 그는 모든 혈통의

서약을 포기하고 그리스도 안에서의 자유를
선포했습니다. 바로 그 주에 그는 오랫동안
기다려온 취업의 돌파구를 얻었습니다.

높은 수준의 제단은 높은 수준의 반대를 낳습니다.
하지만 **예수의 피는** 어떤 맹세나 의식보다 더 큰
소리로 말합니다.

행동 계획 - 숨겨진 롯지 폭로

1. **조사해보세요** : 당신의 혈통에 프리메이슨,
   밀교 또는 비밀 조직이 있나요?
2. 마태복음 10장 26-28절에 근거한 선언을 통해
   알려지거나 알려지지 않은 모든 언약을
   포기하십시오 .
3. 피라미드, 전지전능한 눈, 나침반,
   오벨리스크, 반지, 옷 등의 신비로운 상징을
   태우거나 제거하세요 .
4. **큰소리로 기도하세요** :

"저는 비밀 결사, 빛의 종교, 거짓 형제단과의 모든
숨겨진 계약을 파기합니다. 저는 오직 주 예수
그리스도만을 섬깁니다."

그룹 신청

- 회원들에게 알려졌거나 의심되는 엘리트
  오컬트 연계 사항을 적어 두세요.

- 종이를 찢거나, 성상을 태우거나, 이마에 기름을 발라 분리를 증명하는 등 **상징적인 행위를 통해 관계를** 끊습니다 .
- **시편 2편을** 사용하여 주님의 기름부음받은 자를 대적하는 국가적, 가족적 음모를 깨뜨리라고 선언합니다.

주요 통찰력

사탄의 가장 강력한 손아귀는 종종 비밀과 위신으로 포장됩니다. 진정한 자유는 당신이 그러한 제단들을 폭로하고, 포기하고, 예배와 진리로 대체할 때 시작됩니다.

반성 일지

- 나는 영적으로 "어긋난다"고 느껴지는 부, 권력 또는 기회를 물려받았는가?
- 내 조상 중에 내가 무시했던 비밀스러운 관계가 있을까?
- 불경건한 권력 접근을 차단하려면 어떤 비용이 들까요? 그리고 저는 그럴 의지가 있나요?

구원의 기도

아버지, 저는 모든 숨겨진 은신처와 제단, 그리고 합의에서 제 이름으로, 혹은 제 혈통을 대신하여

나옵니다. 모든 영혼의 끈, 모든 혈통의 끈, 그리고 의도했든 의도하지 않았든 맺어진 모든 맹세를 끊습니다. 예수님, 당신은 저의 유일한 빛이시며, 유일한 진리이시며, 유일한 보호막이십니다. 당신의 불이 권력, 영향력, 또는 속임수에 대한 모든 불경건한 연결고리 를 소멸하게 하소서 . 예수님의 이름으로 완전한 자유를 얻습니다. 아멘.

27일차: 부정한 동맹 - 프리메이슨, 일루미나티 및 영적 침투

"어둠의 무익한 행위에 참여하지 말고 오히려 그것을 책망하십시오." -에베소서 5:11
"너희가 주님의 잔과 귀신의 잔을 겸하여 마실 수는 없습니다." -고린도전서 10:21

무해한 형제 조직으로 자선, 연결, 또는 깨달음을 제공한다고 자처하는 비밀 결사와 글로벌 네트워크가 있습니다. 하지만 그 이면에는 더 깊은 맹세, 피의 의식, 영혼의 유대, 그리고 "빛"으로 가려진 루시퍼 교리의 층층이가 숨겨져 있습니다. 프리메이슨, 일루미나티, 이스턴 스타, 스컬 앤 본즈, 그리고 그 자매 조직들은 단순한 사교 클럽이 아닙니다. 그들은 충성의 제단이며, 그중 일부는 수 세기 전부터 존재해 온 것으로, 가족, 정부, 심지어 교회까지 영적으로 침투하도록 설계되었습니다.

글로벌 발자국

- **북미 및 유럽** – 프리메이슨 사원, 스코틀랜드 전례 롯지, 예일의 스컬 앤 본즈.

- **아프리카** – 프리메이슨 의례를 통한 정치적, 왕실적 입문, 보호나 권력을 위한 혈맹.
- **아시아** – 신비로운 깨달음과 비밀스러운 수도원 의식으로 위장된 카발라 학파.
- **라틴 아메리카** – 숨겨진 엘리트 조직, 산테리아는 엘리트의 영향력과 혈맹과 합쳐졌습니다.
- **중동** – 권력 구조와 거짓된 빛 숭배에 묶인 고대 바빌로니아 비밀 사회.

이러한 네트워크는 종종 다음과 같습니다.
- 피나 구두 맹세가 필요합니다.
- 신비로운 상징(나침반, 피라미드, 눈)을 사용하세요.
- 영혼을 수도회에 바치거나 기원하는 의식을 거행합니다.
- 영적인 통제력을 대가로 영향력이나 부를 제공합니다.

증언 – 주교의 고백

에 가입했던 적이 있다고 교회 앞에서 고백했습니다. 하지만 계급이 올라가면서 그는 이상한 요구 조건들을 보기 시작했습니다. 침묵의 서약,

눈가리개와 상징을 사용한 의식, 그리고 그의 기도 생활을 차갑게 만드는 "빛"이었습니다. 그는 더 이상 꿈을 꾸지 못했습니다. 성경을 읽을 수 없게 되었습니다.

회개하고 모든 계급과 서약을 공개적으로 비난한 후, 영적인 안개가 걷혔습니다. 오늘날 그는 담대하게 그리스도를 전파하며 자신이 한때 참여했던 것을 폭로합니다. 그 사슬은 끊어지기 전까지는 보이지 않았습니다.

행동 계획 - 프리메이슨과 비밀 사회의 영향력을 깨기

1. 프리메이슨, 로지크루시언교, 카발라, 스컬 앤 본즈 또는 이와 유사한 비밀 조직과 개인적 또는 가족적 관계가 있는지 **확인하세요**.

2. **모든 입문 단계 또는 입문 과정을 포기하십시오**. 모든 의식, 증표, 서약도 포함됩니다. (온라인에서 안내에 따라 진행되는 해탈 포기를 확인하실 수 있습니다.)

3. **권위 있게 기도하세요** :
"나는 비밀 결사와 맺은 모든 영혼의 끈, 혈맹의 서약, 그리고 맹세를 깨뜨립니다. 나 자신이든 나를

대신해서든 말입니다. 나는 예수 그리스도를 위해 내 영혼을 되찾습니다!"

4. **상징적 품목** 인 예복, 책, 증명서, 반지 또는 액자 이미지를 파괴하세요.
5. **선언하세요** .
    - *갈라디아서 5:1*
    - *시편 2:1-6*
    - *이사야 28:15-18*

그룹 신청

- 그룹원들에게 눈을 감고 성령께서 비밀스러운 소속이나 가족적 유대관계를 밝혀주시기를 기도하세요.
- 기업 포기: 엘리트 조직과의 모든 알려지거나 알려지지 않은 관계를 비난하기 위해 기도하세요.
- 성찬을 통해 단절을 봉인하고 그리스도께 대한 언약을 다시 정렬하십시오.
- 머리와 손에 기름을 바르면 맑은 정신과 거룩한 행위가 회복됩니다.

주요 통찰력

세상이 "엘리트"라고 부르는 것을 하나님은 가증하다고 부르실 수도 있습니다. 모든 영향력이 신성한 것은 아니며, 모든 빛이 다 빛인 것도 아닙니다. 영적인 맹세와 관련된 일에서 무해한 비밀이란 없습니다.

반성 일지

- 나는 비밀 조직이나 신비로운 깨달음 단체에 속해 있거나, 그러한 단체에 호기심을 느낀 적이 있는가?
- 내 신앙에 영적인 실명, 침체, 냉담함이 있다는 증거가 있습니까?
- 가족의 개입에 대해 용기와 우아함을 가지고 대처해야 할까요?

자유의 기도

주 예수님, 저는 유일하고 참된 빛으로 당신 앞에 나아갑니다. 저를 옭아매는 모든 속박, 모든 맹세, 모든 거짓된 빛, 그리고 모든 숨겨진 질서를 버립니다. 프리메이슨, 비밀 결사, 고대 형제단, 그리고 어둠과 연결된 모든 영적인 유대를 끊습니다. 저는 오직 예수님의 보혈 아래 있으며, 인침을 받고 구원받았으며 자유함을 선포합니다. 당신의 영으로 이 언약의 모든 잔재를 불태워 없애주소서. 예수님의 이름으로 기도합니다. 아멘.

28일차: 카발라, 에너지 그리드 및 신비로운 "빛"의 유혹

"사탄도 자기를 빛의 천사로 가장하느니라." - 고린도후서 11:14

"네 안에 있는 빛은 어두움이로다 그 어두움이 얼마나 깊으냐!" - 누가복음 11:35

영적 깨달음에 집착하는 이 시대에, 많은 사람들이 자신도 모르게 고대 카발라 수행, 에너지 치유, 그리고 오컬트 교리에 뿌리를 둔 신비로운 빛의 가르침에 빠져들고 있습니다. 이러한 가르침은 종종 "기독교 신비주의", "유대교 지혜", 또는 "과학적 영성"으로 위장하지만, 시온이 아닌 바빌론에서 유래했습니다.

카발라는 단순한 유대교 철학 체계가 아닙니다. 비밀 코드, 신성한 발산(세피로트), 그리고 비전적인 경로에 기반한 영적인 매트릭스입니다. 타로, 수비학, 조디악 포털, 뉴에이지 그리드 뒤에 숨겨진 매혹적인 속임수와 같습니다.

유명인, 인플루언서, 사업가 중에는 붉은 실을 착용하고, 수정 에너지로 명상하거나, 자신들이 보이지 않는 영적 함정에 빠져 있다는 사실을 모른 채 조하르를 따르는 사람이 많습니다.

글로벌 얽힘
- **북미** - 웰빙 공간으로 위장한 카발라 센터, 가이드 에너지 명상.
- **유럽** - 드루이드교의 카발라와 비밀스러운 기독교가 가르침을 받음.
- **아프리카** - 번영 숭배 집단이 성경과 수비학, 에너지 포털을 섞는다.
- **아시아** - 차크라 힐링이 우주적 코드에 맞춰 "빛의 활성화"로 새롭게 명명되었습니다.
- **라틴 아메리카** - 신비주의 가톨릭교에서 성인과 카발라 대천사가 섞여 있습니다.

이것이 거짓 빛의 유혹입니다. 지식이 신이 되고 깨달음이 감옥이 되는 것입니다.

실제 증언 - "빛의 함정"에서 벗어나다

남미 비즈니스 코치인 마리솔은 카발라 멘토에게서 수비학과 "신성한 에너지 흐름"을 통해 진정한 지혜를 발견했다고 생각했습니다. 그녀의 꿈은 생생해지고 비전은 날카로워졌습니다. 하지만 그녀의 평화는? 사라졌습니다. 그녀의 인간관계는? 무너져 내렸습니다.

매일 "가벼운 기도"를 드렸음에도 불구하고, 그녀는 잠결에 그림자 같은 존재들에게 괴롭힘을 당했습니다. 친구가 예수님을 만난 전직 신비주의자의 간증 영상을 보내주었습니다. 그날 밤, 마리솔은 예수님을 불렀습니다. 그녀는 눈부시게 하얀 빛을 보았습니다. 신비로운 빛은 아니었지만, 순수한 빛이었습니다. 평화가 찾아왔습니다. 그녀는 자료를 모두 폐기하고 구원의 여정을 시작했습니다. 오늘날 그녀는 영적 기만에 빠진 여성들을 위한 그리스도 중심의 멘토링 플랫폼을 운영하고 있습니다.

행동 계획 - 거짓된 깨달음을 포기하다

1. **감사하세요** : 신비주의 책을 읽었는지, 에너지 치유를 실천했는지, 운세를 따랐는지, 아니면 붉은 실을 착용했는지요?
2. 그리스도 밖에서 빛을 구한 것을 **회개하십시오** .
3. **관계를 끊습니다** :
    - 카발라/조하르의 가르침
    - 에너지 의학 또는 빛 활성화
    - 천사의 기도 또는 이름 해독

- 신성 기하학, 수비학 또는 "코드"

4. **큰소리로 기도하세요** :

예수님, 당신은 세상의 빛이십니다. 저는 모든 거짓된 빛, 모든 오컬트 가르침, 모든 신비로운 함정을 버립니다. 제 유일한 진리의 근원이신 당신께로 돌아갑니다!

5. **선포해야 할 성경구절** :
    - 요한복음 8:12
    - 신명기 18:10-12
    - 이사야 2:6
    - 고린도후서 11:13-15

그룹 신청

- 질문: 당신(또는 가족)은 뉴에이지, 수비학, 카발라, 또는 신비로운 "빛" 가르침에 참여하거나 접한 적이 있습니까?
- 거짓 빛을 집단적으로 포기하고 예수님을 유일한 빛으로 다시 헌신합니다.
- 소금과 빛의 이미지를 활용하세요. 각 참가자에게 소금 한 꼬집과 양초를 나눠주고 "나는 오직 그리스도 안에서 소금과 빛입니다."라고 선언하세요.

주요 통찰력

모든 빛이 거룩한 것은 아닙니다. 그리스도 밖에서 빛을 비추는 것은 결국 소멸될 것입니다.

반성 일지
- 나는 하나님의 말씀 밖에서 지식, 힘, 치유를 추구했는가?
- 어떤 영적 도구나 가르침을 없애야 할까요?
- 제가 뉴에이지나 "빛"의 실천을 소개한 사람 중에 다시 지도를 받아야 할 사람이 있나요?

구원의 기도
아버지, 저는 거짓 빛, 신비주의, 그리고 은밀한 지식의 모든 영과 결별합니다. 저는 카발라, 수비학, 신성 기하학, 그리고 빛으로 가장하는 모든 어둠의 암호를 거부합니다. 예수님을 제 삶의 빛으로 선포합니다. 저는 기만의 길에서 벗어나 진리 안으로 들어갑니다. 당신의 불로 저를 깨끗이 씻어 주시고 성령으로 채워 주소서. 예수님의 이름으로 기도합니다. 아멘.

29일차: 일루미나티 베일 - 엘리트 오컬트 네트워크의 실체 폭로

"세상의 왕들이 나서고 관원들이 모여 여호와와 그의 기름 부음 받은 자를 대적하느니라." - 시편 2:2

"숨겨진 것이 드러나지 아니할 것이 없고 숨은 것이 드러나지 아니할 것이 없느니라." - 누가복음 8:17

우리 세상 안에는 숨겨진 세상이 있습니다. 뻔히 보이는 곳에 숨겨져 있죠.
할리우드부터 거대 금융계까지, 정치권부터 음악 제국까지, 어둠의 동맹과 영적 계약으로 이루어진 네트워크가 문화, 사상, 그리고 권력을 형성하는 시스템을 지배합니다. 이는 단순한 음모가 아니라, 고대의 반란을 현대 무대에 맞게 재해석한 것입니다.
일루미나티는 본질적으로 단순한 비밀 결사가 아닙니다. 루시퍼의 의도입니다. 최상위 계층이 피, 의식, 영혼 교환을 통해 충성을 맹세하는 영적인 피라미드이며, 이는 종종 상징, 패션, 대중 문화로 포장되어 대중을 조종합니다.
이건 편집증에 관한 게 아닙니다. 인식에 관한 거예요.

실화 - 명성에서 신앙으로의 여정
마커스는 미국에서 떠오르는 음악 프로듀서였습니다. 그의 세 번째 메이저 히트곡이 차트를 정복했을 때, 그는 특별한 클럽에 소개되었습니다. 권력 있는 남녀, 영적 "멘토", 비밀에 싸인 계약들이었죠. 처음에는 엘리트 멘토링처럼 보였습니다. 그 후 "기도" 세션이 이어졌습니다. 어두운 방, 붉은 불빛, 찬송가, 거울 의식이 이어졌습니다. 그는 유체 이탈 여행을 경험하기 시작했고, 밤에는 목소리가 그에게 노래를 속삭였습니다.
어느 날 밤, 그는 술과 고통에 시달리며 자살을 시도했습니다. 그러나 예수님께서 개입하셨습니다. 기도하던 할머니의 간구가 그를 깨웠습니다. 그는 도망쳐 나와 체제를 버리고 긴 구원의 여정을 시작했습니다. 오늘날 그는 빛을 증언하는 음악을 통해 이 산업의 어둠을 폭로합니다.

숨겨진 제어 시스템

- **피의 희생과 성의식** - 권력에 대한 입문에는 교환이 필요합니다: 몸, 피, 또는 순수함.
- **마인드 프로그래밍(MK 울트라 패턴)** - 미디어, 음악, 정치에서 분열된 정체성과 핸들러를 만드는 데 사용됩니다.
- **상징주의** - 피라미드 눈, 불사조, 체커보드 바닥, 올빼미, 거꾸로 된 별 - 충성의 관문.
- **루시퍼주의 교리** - "네가 원하는 것을 하라", "너 자신의 신이 되라", " 빛을 전하는 깨달음"

행동 계획 - 엘리트 웹에서 벗어나기

1. 무의식적으로라도 신비주의적 힘과 관련된 어떤 시스템(음악, 미디어, 계약)에 참여한 것을 **회개하세요**.
2. 명예, 숨겨진 계약, 엘리트적 라이프스타일에 대한 매혹을 무슨 희생을 치르더라도 **포기하세요**.
3. 당신이 속한 모든 계약, 브랜드, 또는 네트워크를 **위해 기도하십시오**. 성령께서 숨겨진 관계를 드러내시도록 기도하십시오.
4. **큰 소리로 선언하세요**:

"나는 모든 체계, 맹세, 그리고 어둠의 상징을 거부합니다. 나는 빛의 왕국에 속합니다. 내 영혼은 팔리지 않습니다!"

5. **앵커 성경** :
    - 이사야 28:15-18 - 사망과의 언약은 서지 아니하리라
    - 시편 2편 - 하나님은 악한 음모를 비웃으신다
    - 고린도전서 2:6-8 - 이 세상의 통치자들은 하나님의 지혜를 깨닫지 못하느니라

그룹 신청
- 그룹을 이끌고 **상징 정화** 세션을 진행하세요. 참가자들이 궁금한 이미지나 로고를 가져오세요.
- 사람들에게 대중 문화에서 일루미나티 표지판을 본 적이 있는지, 그리고 그것이 자신의 견해에 어떤 영향을 미쳤는지 공유하도록 격려하세요.
- **그들의 영향력** (음악, 패션, 미디어)을 그리스도의 목적에 다시 헌신 하도록 권유합니다 .

주요 통찰력

가장 강력한 속임수는 화려함 속에 숨는 것이다. 하지만 가면을 벗으면 사슬은 끊어진다.

반성 일지

- 내가 완전히 이해하지 못하는 상징이나 움직임에 끌리는가?
- 나는 영향력이나 명예를 추구하기 위해 서약이나 계약을 했는가?
- 내 재능이나 플랫폼의 어떤 부분을 다시 하나님께 바쳐야 할까요?

자유의 기도

아버지, 일루미나티와 엘리트 오컬트의 모든 숨겨진 구조와 맹세, 그리고 영향력을 거부합니다. 당신 없는 명예, 목적 없는 권세, 그리고 성령 없는 지식을 거부합니다. 고의든 무의식이든, 저에게 맺어진 모든 혈통과 말의 언약을 취소합니다. 예수님, 제 마음과 재능, 그리고 운명의 주님으로 당신을 즉위시킵니다. 모든 보이지 않는 사슬을 드러내고 파괴해 주소서. 당신의 이름으로 일어나 빛 안에서 걷습니다. 아멘.

30일차: 미스터리 스쿨 - 고대의 비밀, 현대의 속박

"그들의 목구멍은 열린 무덤이요, 그들의 혀는 속임을 일삼으며, 그들의 입술에는 독사의 독이 있느니라." - 로마서 3:13

"이 백성이 음모라 부르는 것을 다 음모라 부르지 말며, 그들이 두려워하는 것을 두려워하지 말라… 너희는 만군의 여호와를 거룩하다고 여겨야 한다…" - 이사야 8:12-13

일루미나티가 출현하기 훨씬 이전, 이집트, 바빌론, 그리스, 페르시아 등 고대 신비 학교들이 존재했습니다. 이 학교들은 단순히 "지식"을 전수하는 데 그치지 않고 어둠의 의식을 통해 초자연적인 힘을 일깨우기 위해 설립되었습니다. 오늘날 이러한 학교들은 명문 대학, 영적 수련소, "의식" 캠프, 심지어 개인 계발이나 고차원 의식 각성이라는 위장을 한 온라인 교육 과정을 통해 부활하고 있습니다.

카발라부터 신지학, 헤르메스주의 단체, 장미십자회까지, 그 목표는 동일합니다. 바로 "신처럼 되는 것"입니다. 신에게 굴복하지 않고 잠재된 힘을 일깨워내는 것입니다. 숨겨진 주문, 신성 기하학, 아스트랄 투사, 송과선 잠금 해제, 그리고 의식들은 많은 이들을 "빛"이라는 가면 아래 영적 속박으로 몰아넣습니다.
하지만 예수님 안에 뿌리내리지 않은 모든 "빛"은 거짓 빛입니다. 그리고 모든 숨겨진 맹세는 깨져야 합니다.

실제 이야기 - 숙련자에서 버림받은 사람으로

남아프리카 공화국의 웰니스 코치인 샌드라*는 멘토십 프로그램을 통해 이집트 신비주의 단체에 입문했습니다. 훈련에는 차크라 정렬, 태양 명상, 달 의식, 고대 지혜 두루마리 등이 포함되었습니다. 그녀는 "다운로드"와 "상승"을 경험하기 시작했지만, 곧 공황 발작, 수면 마비, 자살 충동으로 이어졌습니다.
구원 사역자가 그 근원을 폭로했을 때, 샌드라는 자신의 영혼이 서약과 영적 계약에 묶여 있음을 깨달았습니다. 수도회를 포기하는 것은 수입과 인맥을 잃는 것을 의미했지만, 그녀는 자유를 얻었습니다. 현재 그녀는 그리스도를 중심으로 하는 치유 센터를 운영하며 뉴에이지의 속임수에 대해 사람들에게 경고하고 있습니다.

오늘날 미스터리 학교의 공통점

- **카발라 서클** - 유대교 신비주의에 수비학, 천사 숭배, 아스트랄계가 혼합되어 있습니다.
- **헤르메스주의** - "위가 어떻든 아래도 마찬가지"라는 교리는 영혼이 현실을 조작할 수 있는 힘을 부여한다는 것입니다.
- **로지크루시언** - 연금술적 변형과 영적 승천과 관련된 비밀 조직.
- **프리메이슨 및 비전적 형제회** - 숨겨진 빛으로의 다층적 진행; 각 단계는 맹세와 의식에 의해 묶여 있습니다.
- **영적 휴양** - 샤먼이나 "가이드"와 함께하는 환각적 "깨달음" 의식.

행동 계획 - 고대의 멍에를 깨다

1. 그리스도 밖에서 이루어진 입문, 과정, 영적 계약을 통해 맺은 모든 계약을 **포기하십시오**.
2. 성령에 뿌리를 두지 않은 모든 "빛"이나 "에너지"의 원천의 힘을 **취소하십시오**.
3. 집에서 앙크, 호루스의 눈, 신성 기하학, 제단, 향, 조각상, 의식용 책 등의 상징물을 **깨끗이 치우세요**.
4. **큰소리로 선언하세요**:

"나는 거짓 빛으로 향하는 모든 고대와 현대의 길을 거부합니다. 나는 참 빛이신 예수 그리스도께 복종합니다. 모든 비밀스러운 맹세는 그분의 피로 깨졌습니다."

앵커 성경

- 골로새서 2:8 - 헛되고 속이는 철학이 없음
- 요한복음 1:4-5 - 참 빛은 어둠 속에서 빛난다
- 고린도전서 1:19-20 - 하나님께서 지혜로운 자들의 지혜를 멸하신다

그룹 신청

- 상징적인 "두루마리 태우기" 밤을 주최합니다 (사도행전 19:19) - 그룹 구성원이 신비로운 책, 보석, 물건을 가져와 파괴합니다.
- 명상을 통해 이상한 지식을 "다운로드"했거나 제3의 눈 차크라를 연 사람들을 위해 기도해 주세요.
- **"빛의 전달" 기도를** 하도록 안내합니다. 성령께서 이전에 신비로운 빛에 굴복했던

모든 영역을 차지해 주시기를 구하는 기도입니다.

주요 통찰력

하나님은 수수께끼나 의식 속에 진리를 숨기지 않으십니다. 오히려 당신의 아들을 통해 진리를 드러내십니다. 당신을 어둠으로 이끄는 "빛"을 조심하십시오.

반성 일지

- 고대의 지혜, 활성화, 신비의 힘을 약속하는 온라인이나 오프라인 학교에 다닌 적이 있나요?
- 한때 무해하다고 생각했지만 지금은 죄책감을 느끼는 책, 상징 또는 의식이 있나요?
- 나는 하나님과의 관계보다 영적인 경험을 더 추구해 왔는가?

구원의 기도

주 예수님, 당신은 길이요 진리요 빛이십니다. 당신의 말씀을 거스른 모든 길을 회개합니다. 모든 신비 학교, 비밀 조직, 맹세, 입문을 거부합니다. 고대의 속임수에 뿌리를 둔 모든 안내자, 교사, 영,

그리고 체계와의 영혼의 유대를 끊습니다. 제 마음의 모든 숨겨진 곳에 당신의 빛을 비추시고 당신의 영의 진리로 저를 채워주소서. 예수님의 이름으로, 저는 자유로워집니다. 아멘.

31일차: 카발라, 신성 기하학 & 엘리트 빛의 기만

"사탄도 자기를 빛의 천사로 가장하느니라" - 고린도후서 11:14

"은밀한 일은 우리 하나님 여호와께 속하였으나 나타난 일은 우리에게 속하였느니라" - 신명기 29:29

영적인 지식을 추구하는 우리의 여정에는 위험이 도사리고 있습니다. 바로 그리스도와는 별개로 권능과 빛, 그리고 신성을 약속하는 "숨겨진 지혜"의 유혹입니다. 유명 인사 집단부터 비밀 숙소, 예술에서 건축에 이르기까지, 전 세계 곳곳에서 기만의 패턴이 퍼져 나가며, 구도자들을 **카발라**, **신성 기하학**, 그리고 **신비주의 가르침**의 난해한 세계로 끌어들입니다.

이것들은 무해한 지적 탐구가 아닙니다. 빛으로 위장한 타락한 천사들과 맺은 영적 계약으로 들어가는 입구입니다.

글로벌 매니페스테이션

- **헐리우드와 음악 산업** - 많은 유명인이 공개적으로 카발라 팔찌를 착용하거나 신성한 상징(생명나무 등)을 문신으로 새기는데, 이는 유대교 신비주의에서 유래합니다.
- **패션과 건축** - 프리메이슨 디자인과 신성한 기하학적 패턴(생명의 꽃, 육각형, 호루스의 눈)이 의류, 건물, 디지털 아트에 반영되어 있습니다.
- **중동 및 유럽** - 엘리트들 사이에서는 카발라 연구 센터가 번성하고 있으며, 신비주의와 수비학, 점성술, 천사의 호소를 혼합하는 경우가 많습니다.
- **온라인 및 전 세계 뉴에이지 서클** - YouTube, TikTok 및 팟캐스트는 신성 기하학과 카발라 프레임워크를 기반으로 한 "빛 코드", "에너지 포털", "3-6-9 진동" 및 "신성한 매트릭스" 가르침을 정상화합니다.

실화 - 빛이 거짓이 될 때

스웨덴 출신의 27세 여성 야나는 자신이 좋아하는 가수를 따라 카발라를 공부하기 시작했습니다. 가수는 카발라가 자신의 "창조적 깨달음"을 가져다주었다고 말했습니다. 그녀는 붉은 실 팔찌를

구입하고, 기하학적 만다라를 보며 명상을
시작했으며, 고대 히브리어 문헌에 나오는 천사의
이름을 연구했습니다.
상황이 바뀌기 시작했다. 그녀의 꿈은 이상하게
변했다. 잠결에 옆에서 지혜를 속삭이는 존재들을
느꼈고, 곧 피를 요구했다. 그림자가 그녀를
따라다녔지만, 그녀는 더 많은 빛을 갈망했다.
결국 그녀는 온라인에서 구원 영상을 우연히
발견하고 자신의 고통이 영적 상승이 아니라 영적
기만이라는 것을 깨달았습니다. 6개월 동안 구원
세션과 금식, 그리고 집에 있는 모든 카발라 관련
물품을 불태운 후, 평화가 돌아오기 시작했습니다.
그녀는 이제 자신의 블로그를 통해 다른 사람들에게
이렇게 경고합니다. "거짓된 빛이 저를 거의 파괴할
뻔했습니다."

길을 분별하다
카발라는 때때로 종교적 예복을 입기도 하지만,
예수 그리스도를 신에게 이르는 유일한 길로
인정하지 않습니다. 카발라는 종종 "신성한 자아"
를 고양하고 , **채널링** 과 **생명나무 승천을 장려하며
** , **수학적 신비주의를 활용하여** 힘을 불러일으킵니다
. 이러한 수행은 **영적인 문을 열어주지만** ,

천국으로 가는 것이 아니라 빛을 전달하는 자로 위장한 존재들에게로 향하게 합니다.
많은 카발라 교리가 다음과 교차합니다.
- 프리메이슨
- 장미십자회
- 영지주의
- 루시퍼리안 계몽주의 컬트

공통분모는 무엇일까요? 그리스도 없는 신성을 추구하는 것입니다.

행동 계획 - 거짓 빛 폭로 및 퇴치

1. 카발라, 수비학, 신성 기하학, "신비 학파"의 가르침에 대한 모든 관여를 **회개하세요**.
2. **물건을** 집에서 파괴하세요.
3. **거짓 빛의 영** (예: 메타트론, 라지엘, 신비로운 형태의 셰키나)을 버리고 모든 가짜 천사에게 떠나라고 명령하세요.
4. 그리스도의 단순함과 충분함에 **푹 빠져보세요** (고린도후서 11:3).
5. **금식하고** 눈, 이마, 손에 기름을 바르고 모든 거짓 지혜를 버리고 오직 하나님께만 충성을 맹세하십시오.

그룹 신청

- "빛의 가르침", 수비학, 카발라 매체, 신성한 상징과의 만남을 공유하세요.
- 그룹으로, "영적"이라고 들리지만 그리스도에 반대되는 문구나 신념을 나열해 보세요(예: "나는 신성하다", "우주가 제공한다", "그리스도 의식").
- 각 사람에게 기름을 바르고 요한복음 8장 12절을 선포하세요. *"예수님은 세상의 빛이십니다."*
- 신성한 기하학, 신비주의 또는 "신성한 규범"을 언급하는 자료나 물건을 태우거나 버리십시오.

주요 통찰력

사탄은 파괴자로서 먼저 오지 않습니다. 그는 종종 빛을 주는 자로서, 비밀스러운 지식과 거짓된 빛을 제공합니다. 하지만 그 빛은 더 깊은 어둠으로 이끌 뿐입니다.

반성 일지

- 나는 그리스도를 우회하는 어떤 "영적인 빛"에 내 영혼을 열어본 적이 있는가?

- 무해하다고 생각했지만 이제는 포털로 인식되는 상징, 문구 또는 사물이 있나요?
- 나는 성경적 진리보다 개인적인 지혜를 더 중시했는가?

구원의 기도

아버지, 제 영혼을 얽어매는 모든 거짓 빛과 신비로운 가르침, 그리고 비밀스러운 지식을 버립니다. 오직 예수 그리스도만이 세상의 참 빛이심을 고백합니다. 카발라, 신성 기하학, 수비학, 그리고 모든 악마의 교리를 거부합니다. 모든 거짓된 영을 제 삶에서 뿌리째 뽑아내 주십시오. 제 눈과 생각과 상상과 영혼을 깨끗이 씻어 주십시오. 저는 오직 당신 것입니다. 영과 혼과 몸 모두. 예수님의 이름으로 기도합니다. 아멘.

3일차 2: 내면의 뱀의 영 – 구원이 너무 늦게 올 때

"그들은 음심으로 가득 찬 눈을 가지고 있으며… 불안정한 영혼들을 유혹하며… 발람의 길을 따라갔으며… 그를 위해 영원한 어둠의 캄캄함이 예비되어 있습니다." - 베드로후서 2:14-17

"속지 마십시오. 하나님은 만홀히 여김을 받지 아니하시나니 사람이 무엇으로 심든지 그대로 거둡니다." - 갈라디아서 6:7

깨달음을 가장하는 악마의 가짜가 있습니다. 그것은 치유하고, 활력을 불어넣고, 힘을 주지만, 단 한 순간만 지속됩니다. 신성한 신비를 속삭이고, 당신의 "제3의 눈"을 열어주고, 척추에 힘을 불어넣은 다음, **당신을 고통 속에 가두어 버립니다**.

그것은 **쿤달리니 입니다**.
뱀 의 영입니다.
뉴에이지의 거짓 "성령"입니다.
요가, 명상, 환각제, 트라우마, 또는 오컬트 의식 등을 통해 활성화되면, 이 힘은 척추 아랫부분에 얽혀 차크라를 통해 불꽃처럼 솟아오릅니다. 많은 사람들이 이를 영적인 깨달음이라고 믿지만, 사실 이는 신성한 에너지로 위장한 **악마의 빙의 입니다**. 하지만 그것이 **사라지지 않는다면 어떻게 해야 할까**?

실제 이야기 - "끄지 못해요"
캐나다에 사는 젊은 기독교 여성 마리사는 그리스도께 헌신하기 전 "기독교 요가"를 접했습니다. 그녀는 평화로운 느낌, 진동, 그리고 밝은 환영을 사랑했습니다. 하지만 척추가 "불타오르는" 강렬한 요가 세션을 한 후, 그녀는 의식을 잃고 숨을 쉴 수 없게 되었습니다. 그날 밤, 무언가가 **그녀의 잠을 괴롭히기 시작했습니다.**
그녀의 몸을 비틀고, 꿈속에서 "예수"로 나타났지만, 오히려 그녀를 조롱했습니다.
구원을 받았습니다. 영들은 떠나갔다가 다시 돌아왔습니다. 그녀의 척추는 여전히 떨리고 있었고, 눈은 끊임없이 영의 세계를 들여다보았습니다. 그녀의 몸은 무의식적으로 움직였습니다.
구원받았음에도 불구하고, 그녀는 이제 소수의 기독교인만이 이해하는 지옥을 걷고 있었습니다. 그녀의 영은 구원받았지만, 그녀의 영혼은 **훼손되고, 갈라지고, 산산이 조각났습니다**.

아무도 말하지 않는 여파

- **제3의 눈은 계속 열려 있습니다** : 끊임없는 환상, 환각, 영적인 소음, 거짓말을 하는 "천사"들.
- **신체의 진동이 멈추지 않음** : 통제할 수 없는 에너지, 두개골의 압박감, 심장 palpitations.
- **끊임없는 고통** : 10회 이상의 구출 세션이 끝난 후에도 마찬가지입니다.
- **고립** : 목회자들은 이해하지 못합니다. 교회는 문제를 무시합니다. 그 사람은 "불안정한" 사람으로 낙인찍힙니다.
- **지옥에 대한 두려움** : 죄 때문에가 아니라, 끝나지 않는 고통 때문에.

그리스도인이 돌이킬 수 없는 지점에 도달할 수 있을까요?

네, 이생에서는 가능합니다. **구원받을 수는 있지만, 영혼이** 너무 파편화되어 죽을 때까지 고통받을 수 있습니다.

이것은 두려움을 조장하는 것이 아닙니다. 이것은 **예언적인 경고 입니다**.

글로벌 예시

- **아프리카** – 예배 중에 거짓 예언자들이 쿤달리니 불을 방출합니다. 사람들이 경련을

일으키고, 거품을 내뿜고, 웃거나,
포효합니다.

- **아시아** – 요가 마스터들이 "시디"(악마의 소유)에 빠져들고 그것을 신의식 이라고 부릅니다.

- **유럽/북미** – 신카리스마 운동이 "영광의 영역"을 표방하며 짖고, 웃고, 통제할 수 없이 넘어지는 모습은 신에게서 나온 것이 아닙니다.

- **라틴 아메리카** – 닫을 수 없는 영적인 문을 열기 위해 아야와스카(식물성 약물)를 사용하는 샤머니즘적 각성.

행동 계획 – 너무 멀리 갔다면

1. **정확한 포털을 고백하세요** : 쿤달리니 요가, 제3의 눈 명상, 뉴에이지 교회, 환각제 등.

2. **모든 구원 추구를 멈추세요**. 두려움으로 계속해서 힘을 실어주면 어떤 영들은 더 오랫동안 고통을 겪습니다.

3. **성경에 집중하세요**. 특히 시편 119편, 이사야 61장, 요한복음 1장을 묵상하세요. 이 말씀들은 영혼을 새롭게 합니다.

4. **공동체에 순종하세요** : 함께 걸을 성령 충만한 신자를 최소 한 명 이상 찾으세요. 고립은 악령을 강화합니다.
5. **모든 영적인 "시각", 불, 지식, 에너지를 포기하세요**. 그것이 신성하게 느껴지더라도요.
6. **하나님께 자비를 구하십시오**. 단 한 번만 아니라 매일, 매시간. 끈기 있게 기도하십시오. 하나님께서 당장 그것을 없애 주시지는 않겠지만, 당신을 품어 주실 것입니다.

그룹 신청
- 조용히 성찰하는 시간을 가져보세요. 이렇게 자문해 보세요. 나는 영적인 순수함보다 영적인 힘을 추구했는가?
- 끊임없이 고통받는 이들을 위해 기도하십시오. 당장의 자유를 약속하지 마십시오. **제자로서의 삶을 약속하십시오**.
- **성령의 열매** (갈라디아서 5:22-23)와 **혼적인 현상** (떨림, 열기, 환상) 의 차이점을 가르쳐주세요.

- 모든 뉴에이지 물건을 태우거나 파괴하세요: 차크라 상징, 수정, 요가 매트, 책, 오일, "예수 카드" 등.

주요 통찰력

선이 있습니다. 당신의 영혼은 구원받을 수 있을지 몰라도… 오컬트 빛에 더럽혀졌다면 당신의 영혼과 몸은 여전히 고통 속에 살아갈 수 있습니다.

반성 일지

- 나는 거룩함과 진실보다 권능, 불, 예언적 시각을 더 추구한 적이 있는가?
- 나는 "기독교화된" 뉴에이지 관행을 통해 문을 열었는가?
- 완전한 구원이 몇 년이 걸리더라도 **매일 하나님과 동행** 할 의지가 있습니까?

생존의 기도

아버지, 자비를 간구합니다. 제가 만져본 모든 뱀의 영, 쿤달리니의 힘, 제3의 눈의 열림, 거짓된 불, 그리고 뉴에이지의 위조된 것들을 버립니다. 비록 부서진 제 영혼을 당신께 다시 맡깁니다.

예수님, 죄뿐만 아니라 고통에서도 저를 구원해 주소서. 제 문을 닫아 주시고, 제 마음을 치유해 주소서. 제 눈을 감아 주소서. 제 척추 속의 뱀을 쳐부수소서. 고통 속에서도 당신을 기다립니다. 그리고 포기하지 않겠습니다. 예수님의 이름으로 기도합니다. 아멘.

33일차: 내면의 뱀의 영 - 구원이 너무 늦게 올 때

"그들은 음심으로 가득 찬 눈을 가지고 있으며…
불안정한 영혼들을 유혹하며… 발람의 길을
따라갔으며… 그를 위해 영원한 어둠의 캄캄함이
예비되어 있습니다." - 베드로후서 2:14-17

"속지 마십시오. 하나님은 만홀히 여김을 받지
아니하시나니 사람이 무엇으로 심든지 그대로
거둡니다." - 갈라디아서 6:7

깨달음을 가장하는 악마의 가짜가 있습니다. 그것은 치유하고, 활력을 불어넣고, 힘을 주지만, 단 한 순간만 지속됩니다. 신성한 신비를 속삭이고, 당신의 "제3의 눈"을 열어주고, 척추에 힘을 불어넣은 다음, **당신을 고통 속에 가두어 버립니다**.

그것은 **쿤달리니 입니다**.
뱀 **의 영입니다**.
뉴에이지의 거짓 "성령"입니다.
요가, 명상, 환각제, 트라우마, 또는 오컬트 의식 등을 통해 활성화되면, 이 힘은 척추 아랫부분에 얽혀 차크라를 통해 불꽃처럼 솟아오릅니다. 많은 사람들이 이를 영적인 깨달음이라고 믿지만, 사실 이는 신성한 에너지로 위장한 **악마의 빙의 입니다**. 하지만 그것이 **사라지지 않는다면 어떻게 해야 할까**?

실제 이야기 - "끄지 못해요"
캐나다에 사는 젊은 기독교 여성 마리사는 그리스도께 헌신하기 전 "기독교 요가"를 접했습니다. 그녀는 평화로운 느낌, 진동, 그리고 밝은 환영을 사랑했습니다. 하지만 척추가 "불타오르는" 강렬한 요가 세션을 한 후, 그녀는 의식을 잃고 숨을 쉴 수 없게 되었습니다. 그날 밤, 무언가가 **그녀의 잠을 괴롭히기 시작했습니다.** 그녀의 몸을 비틀고, 꿈속에서 "예수"로 나타났지만, 오히려 그녀를 조롱했습니다.
구원을 받았습니다. 영들은 떠나갔다가 다시 돌아왔습니다. 그녀의 척추는 여전히 떨리고 있었고, 눈은 끊임없이 영의 세계를 들여다보았습니다. 그녀의 몸은 무의식적으로 움직였습니다. 구원받았음에도 불구하고, 그녀는 이제 소수의 기독교인만이 이해하는 지옥을 걷고 있었습니다. 그녀의 영은 구원받았지만, 그녀의 영혼은 **훼손되고, 갈라지고, 산산이 조각났습니다**.

아무도 말하지 않는 여파

- **제3의 눈은 계속 열려 있습니다** : 끊임없는 환상, 환각, 영적인 소음, 거짓말을 하는 "천사"들.
- **신체의 진동이 멈추지 않음** : 통제할 수 없는 에너지, 두개골의 압박감, 심장 palpitations.
- **끊임없는 고통** : 10회 이상의 구출 세션이 끝난 후에도 마찬가지입니다.
- **고립** : 목회자들은 이해하지 못합니다. 교회는 문제를 무시합니다. 그 사람은 "불안정한" 사람으로 낙인찍힙니다.
- **지옥에 대한 두려움** : 죄 때문이 아니라, 끝나지 않는 고통 때문에.

그리스도인이 돌이킬 수 없는 지점에 도달할 수 있을까요?

네, 이생에서는 가능합니다. **구원받을 수는 있지만, 영혼이** 너무 파편화되어 죽을 때까지 고통받을 수 있습니다.

이것은 두려움을 조장하는 것이 아닙니다. 이것은 **예언적인 경고 입니다**.

글로벌 예시

- **아프리카** – 예배 중에 거짓 예언자들이 쿤달리니 불을 방출합니다. 사람들이 경련을

일으키고, 거품을 내뿜고, 웃거나, 포효합니다.

- **아시아** - 요가 마스터들이 "시디"(악마의 소유)에 빠져들고 그것을 신의식 이라고 부릅니다 .
- **유럽/북미** - 신카리스마 운동이 "영광의 영역"을 표방하며 짖고, 웃고, 통제할 수 없이 넘어지는 모습은 신에게서 나온 것이 아닙니다.
- **라틴 아메리카** - 닫을 수 없는 영적인 문을 열기 위해 아야와스카(식물성 약물)를 사용하는 샤머니즘적 각성.

행동 계획 - 너무 멀리 갔다면

1. **정확한 포털을 고백하세요** : 쿤달리니 요가, 제3의 눈 명상, 뉴에이지 교회, 환각제 등.
2. **모든 구원 추구를 멈추세요** . 두려움으로 계속해서 힘을 실어주면 어떤 영들은 더 오랫동안 고통을 겪습니다.
3. **성경에 집중하세요** . 특히 시편 119편, 이사야 61장, 요한복음 1장을 묵상하세요. 이 말씀들은 영혼을 새롭게 합니다.

4. **공동체에 순종하세요** : 함께 걸을 성령 충만한 신자를 최소 한 명 이상 찾으세요. 고립은 악령을 강화합니다.
5. **모든 영적인 "시각", 불, 지식, 에너지를 포기하세요**. 그것이 신성하게 느껴지더라도요.
6. **하나님께 자비를 구하십시오**. 단 한 번만 아니라 매일, 매시간. 끈기 있게 기도하십시오. 하나님께서 당장 그것을 없애 주시지는 않겠지만, 당신을 품어 주실 것입니다.

그룹 신청

- 조용히 성찰하는 시간을 가져보세요. 이렇게 자문해 보세요. 나는 영적인 순수함보다 영적인 힘을 추구했는가?
- 끊임없이 고통받는 이들을 위해 기도하십시오. 당장의 자유를 약속하지 마십시오. **제자로서의 삶을 약속하십시오**.
- **성령의 열매** (갈라디아서 5:22-23)와 **혼적인 현상** (떨림, 열기, 환상)의 차이점을 가르쳐주세요.

- 모든 뉴에이지 물건을 태우거나 파괴하세요: 차크라 상징, 수정, 요가 매트, 책, 오일, "예수 카드" 등.

주요 통찰력
선이 있습니다 . 당신의 영혼은 구원받을 수 있을지 몰라도… 오컬트 빛에 더럽혀졌다면 당신의 영혼과 몸은 여전히 고통 속에 살아갈 수 있습니다.

반성 일지
- 나는 거룩함과 진실보다 권능, 불, 예언적 시각을 더 추구한 적이 있는가?
- 나는 "기독교화된" 뉴에이지 관행을 통해 문을 열었는가?
- 완전한 구원이 몇 년이 걸리더라도 **매일 하나님과 동행** 할 의지가 있습니까 ?

생존의 기도
아버지, 자비를 간구합니다. 제가 만져본 모든 뱀의 영, 쿤달리니의 힘, 제3의 눈의 열림, 거짓된 불, 그리고 뉴에이지의 위조된 것들을 버립니다. 비록 부서진 제 영혼을 당신께 다시 맡깁니다. 예수님, 죄뿐만 아니라 고통에서도 저를 구원해 주소서. 제 문을 닫아 주시고, 제 마음을 치유해 주소서. 제 눈을 감아 주소서. 제 척추 속의 뱀을 쳐부수소서. 고통 속에서도 당신을 기다립니다. 그리고 포기하지 않겠습니다. 예수님의 이름으로 기도합니다. 아멘.

34일차: 프리메이슨, 규율, 그리고 저주 - 형제애가 속박이 될 때

"열매 없는 어둠의 일에 참예하지 말고 오히려 그것을 책망하라." - 에베소서 5:11
"너는 그들과 그들의 신들과 언약을 맺지 말라." - 출애굽기 23:32

비밀 결사는 성공, 인맥, 그리고 고대의 지혜를 약속합니다. 그들은 "선한 사람들을 위해" 전수된 **서약, 학위, 그리고 비밀을 제공합니다. 하지만 대부분의 사람들이 깨닫지 못하는 것은 이러한 결사들이** 종종 피, 속임수, 그리고 악마적인 충성 위에 세워진 **계약의 제단** 이라는 것입니다. 프리메이슨부터 카발라, 로지크루시언 부터 스컬 앤 본즈까지, 이러한 단체들은 단순한 클럽이 아닙니다. 어둠 속에서 맺어진 **영적인 계약 이며, 세대를 초월하는 저주 의식으로 봉인되어 있습니다**.
어떤 이들은 기꺼이 합류했고, 어떤 이들은 그렇게 한 조상을 두고 있었습니다.
어느 쪽이든, 저주는 깨질 때까지 계속됩니다.

숨겨진 유산 - 제이슨의 이야기

미국에서 성공한 은행가인 제이슨은 아름다운 가족, 부, 그리고 영향력까지 모든 것을 갖추고 있었습니다. 하지만 밤이면 숨이 막혀 깨어나 두건을 쓴 사람들을 보고, 꿈에서 주문을 외우는 소리를 들었습니다. 그의 할아버지는 33도 프리메이슨이었고, 제이슨은 여전히 그 반지를 끼고 있었습니다.

그는 클럽 행사에서 농담 삼아 프리메이슨 서약을 한 번 한 적이 있다. 하지만 그 말을 하는 순간, **무언가가 그의 마음속을 파고들었다**. 그의 정신이 무너지기 시작했다. 목소리가 들렸다. 아내는 그를 떠났다. 그는 모든 것을 끝내려고 했다.

어느 피정에서 누군가 프리메이슨과의 연관성을 알아챘습니다. 제이슨은 **모든 서약을 포기**하고 반지를 깨뜨린 후 세 시간 동안 해탈의 시간을 보내며 울었습니다. 그날 밤, 몇 년 만에 처음으로 그는 평화롭게 잠들었습니다.

그의 증언은?

"비밀 제단은 농담이 아닙니다. 그들은 말을 합니다. 예수님의 이름으로 입을 다물게 할 때까지 말입니다."

형제단의 글로벌 웹
- **유럽** – 프리메이슨은 기업, 정치, 교회 교파에 깊이 뿌리내리고 있습니다.
- **아프리카** – 일루미나티와 비밀 조직이 영혼과 교환하여 부를 제공함; 대학 내의 컬트.
- **라틴 아메리카** – 예수회의 침투와 프리메이슨 의례가 가톨릭 신비주의와 혼합됨.
- **아시아** – 고대 신비주의 학교, 세대 간 맹세에 묶인 사원 사제직.
- **북미** – 이스턴 스타, 스코티시 라이트, 스컬 앤 본즈와 같은 친목 단체, 보헤미안 그로브 엘리트.

이런 종파는 종종 "신"을 언급하지만, **성경의 신을 언급하지는 않습니다**. 그들은 **루시퍼의 빛**에 묶인 비인격적 힘인 **위대한 건축가를 언급합니다**.

당신이 영향을 받고 있다는 징후
- 의사가 설명할 수 없는 만성 질환.
- 승진에 대한 두려움이나 가족 체계에서 벗어나는 것에 대한 두려움.
- 옷, 의식, 비밀의 문, 숙소 또는 이상한 의식에 대한 꿈.
- 남성 계열에서는 우울증이나 정신 이상이 나타난다.

- 불임, 학대, 두려움으로 어려움을 겪는 여성들.

구출 행동 계획

1. **알려진 모든 서약을 포기하세요. 특히 당신이나 당신의 가족이 프리메이슨,** 로지크루시언, 이스턴 스타, 카발라 또는 "형제단"에 속해 있었다면 더욱 그렇습니다.
2. **모든 단계를** 이름으로 구분해 보세요.
3. 반지, 앞치마, 책, 펜던트, 증명서 등 **모든 상징물을 파괴하세요.**
4. 기도와 선언을 통해 영적으로, 법적으로 **문을 닫으세요.**

다음 성경구절을 사용하세요:

- 이사야 28:18 – "너희가 사망과 세운 언약은 폐지될 것이다."
- 갈라디아서 3:13 – "그리스도께서 우리를 율법의 저주에서 구속하셨느니라."
- 에스겔 13:20-23 – "나는 너희 베일을 찢고 내 백성을 자유롭게 하리라."

그룹 신청

- 회원 중에 부모나 조부모가 비밀 사회에 속해 있는 사람이 있는지 물어보세요.

- **주도적인 포기 의식을** 이수하세요 (이를 위한 인쇄된 대본을 만들 수 있습니다).
- 상징적인 행위를 하세요. 오래된 반지를 태우거나 이마에 십자가를 그려서 의식에서 열리는 "제3의 눈"을 무효화하세요.
- 마음, 목, 등을 위해 기도하세요. 이것들은 속박의 일반적인 부위입니다.

주요 통찰력
그리스도의 피가 없는 형제애는 속박의 형제애입니다.
당신은 사람과 언약을 맺을 것인지, 아니면 하나님과 언약을 맺을 것인지 선택해야 합니다.

반성 일지
- 제 가족 중에 프리메이슨, 신비주의 또는 비밀 서약에 관여한 사람이 있나요?
- 나는 자신도 모르게 비밀 사회와 관련된 맹세, 신조 또는 상징을 낭송하거나 모방한 적이 있는가?
- 나는 하나님의 언약을 온전히 따르기 위해 가족 전통을 깨뜨릴 의향이 있는가?

포기의 기도

아버지, 예수님의 이름으로, 저는 프리메이슨, 카발라, 또는 어떤 비밀 결사와도 얽매인 모든 언약, 맹세, 의식을 제 삶이나 혈통 안에서 거부합니다. 모든 계급, 모든 거짓말, 의식이나 상징을 통해 부여된 모든 악마적인 권리를 파기합니다. 예수 그리스도만이 저의 유일한 빛이시며, 저의 유일한 설계자이시며, 저의 유일한 주님이심을 선포합니다. 예수님의 이름으로, 저는 지금 자유를 얻습니다. 아멘.

35일째: 교회 좌석에 있는 마녀들 – 악이 교회 문을 통해 들어올 때

"이런 사람들은 거짓 사도요 속이는 일꾼이니, 자기를 그리스도의 사도로 가장하는 자들이니라. 사탄도 자기를 빛의 천사로 가장하느니라." – 고린도후서 11:13-14

"나는 네 행위와 사랑과 믿음을 아노니… 그러나 네게 책망할 일이 있노라. 자칭 선지자라 하는 여자 이세벨을 네가 용납하는도다…" – 요한계시록 2:19-20

가장 위험한 마녀는 밤에 날아다니는 마녀가 아니야.
교회에서 네 옆에 앉아 있는 마녀지.
그들은 검은 예복을 입지도, 빗자루를 타지도 않습니다.
기도 모임을 인도하고, 찬양팀에서 찬양하고, 방언으로 예언하고, 교회 목사로 섬깁니다.
그런데도… 그들은 **어둠을 퍼뜨리는 자들 입니다**.
어떤 이들은 자신이 무엇을 하는지 정확히 알고 있습니다. 영적 암살자로 파견된 것이죠.

다른 이들은 조상 대대로 전해 내려오는 마법이나 반역의 희생자로서, **부정한 은사를 가지고 활동합니다** .

교회를 은폐 하다 - "미리암"의 이야기

미리엄은 서아프리카의 한 대형 교회에서 인기 있는 구원 사역자였습니다. 그녀의 목소리는 악령들에게 도망가라고 명령했습니다. 사람들은 그녀에게 기름부음을 받기 위해 여러 나라를 여행했습니다. 하지만 미리엄에게는 비밀이 있었다. 밤이 되면 그녀는 자신의 몸 밖으로 여행을 떠났다. 교회 신도들의 집, 그들의 약점, 그리고 혈통을 보았던 것이다. 그녀는 그것이 "예언자"라고 생각했다. 그녀의 힘은 커져만 갔다. 하지만 고통 또한 커져만 갔다.
목소리가 들리기 시작했고, 잠도 오지 않았다. 아이들은 공격당했고, 남편은 그녀를 떠났다. 그녀는 마침내 고백했습니다. 그녀는 어렸을 때 할머니에 의해 "활성화"되었는데, 할머니는 그녀를 저주받은 담요 아래에서 자게 한 강력한 마녀였습니다.
"저는 제가 성령으로 충만해졌다고 생각했습니다. 영이었지만… 거룩하지는 않았습니다."

그녀는 구원을 경험했습니다. 하지만 전쟁은 결코 멈추지 않았습니다. 그녀는 이렇게 말합니다.
"내가 자백하지 않았더라면, 나는 불타오르는 제단 위에서 죽었을 거야… 교회에서."

교회 내 숨겨진 마법의 세계적 상황

- **아프리카** - 영적 시기. 예언자들이 점술, 의식, 물의 정령을 사용한다. 많은 제단이 실제로는 문이다.
- **유럽** - "영적 코치"로 위장한 영매들. 뉴에이지 기독교로 포장된 마법.
- **아시아** - 신전 여사제들이 교회에 들어가 저주를 심고 영적 모니터를 통해 개종시킨다.
- **라틴 아메리카** - 구원을 설교하지만 밤에는 닭을 희생으로 바치는 산테리아를 실천하는 "목사"들.
- **북미** - "예수와 타로"를 주장하는 기독교 마녀, 교회 무대에 등장하는 에너지 치료사, 프리메이슨 의식에 참여하는 목사.

교회에서 활동하는 마법의 징후

- 예배 중에 무거운 분위기나 혼란스러움이 느껴진다.
- 예배 후에 뱀, 섹스, 동물에 대한 꿈을 꾼다.

- 리더십이 갑작스러운 죄나 스캔들에 빠지는 경우.
- 조종하고, 유혹하고, 수치심을 주는 "예언".
- "신께서 당신이 내 남편/아내라고 말씀하셨어요."라고 말하는 사람.
- 설교단이나 제단 근처에서 이상한 물건이 발견되었습니다.

구출 행동 계획

1. **분별력을 위해 기도하세요**. 성령께서 여러분의 교제 속에 숨겨진 마녀가 있는지 밝혀주시도록 기도하세요.
2. **모든 영을 시험하라** – 비록 그것이 영적인 것처럼 들리더라도(요일 4:1).
3. **영혼의 인연을 끊으세요**. 누군가가 당신을 위해 기도하거나, 예언을 하거나, 부정한 사람에게 접촉했다면, **그것을 포기하세요**.
4. **교회를 위해 기도하세요**. 하나님의 불이 모든 숨겨진 제단, 은밀한 죄, 영적 흡혈귀를 폭로하도록 선포하세요.
5. **만약 당신이 피해자라면** – 도움을 받으세요. 침묵하거나 혼자 있지 마세요.

그룹 신청

- 그룹 구성원들에게 질문해 보세요: 교회 예배에서 불편함을 느끼거나 영적으로 침해를 받은 적이 있나요?
- 교제를 위해 **기업 정화 기도를** 인도하세요.
- 모든 사람에게 기름을 바르고, 마음과 제단과 은사 주위에 **영적인 방화벽을 선포하세요.**
- **재능을 걸러내고 마음을 시험하는** 방법을 가르쳐주세요.

주요 통찰력

"주님, 주님"이라고 말하는 모든 사람이 주님께 속한 것은 아닙니다.
교회는 영적 오염의 **주요 전장** 이지만, 진리가 선포될 때 치유의 장소이기도 합니다.

반성 일지

- 나는 불경건한 열매를 맺은 사람으로부터 기도나 가르침, 멘토링을 받은 적이 있는가?
- 예배 후에 기분이 "나쁘다"고 느낄 때 무시하는 경우가 있나요?
- 마녀가 양복을 입고 있거나 무대에서 노래를 부르더라도 나는 마녀에 맞설 의향이 있는가?

노출과 자유의 기도

주 예수님, 당신께서 참 빛이심을 감사드립니다. 제 삶과 교제 안에서, 그리고 그 주변에서 작용하는 모든 어둠의 숨은 세력을 드러내 주시길 간구합니다. 영적인 사기꾼들에게서 받은 모든 부정한 전수, 거짓 예언, 그리고 영혼의 끈을 끊어버리십시오. 당신의 피로 저를 정결하게 하시고, 제 은사를 정결하게 하시고, 제 문을 지켜 주시고, 당신의 거룩한 불로 모든 거짓된 영을 태워 없애 주소서. 예수님의 이름으로 기도합니다. 아멘.

36일차: 암호화된 주문 – 노래, 패션, 영화가 포털이 되는 순간

"열매 없는 어둠의 일에 참여하지 말고 오히려 그것을 책망하라." – 에베소서 5:11

"경건하지 못한 허탄한 이야기와 허탄한 이야기에 얽매이지 말고 오직 경건한 사람이 되도록 자신을 훈련하라." – 디모데전서 4:7

모든 전투가 피의 희생으로 시작되는 것은 아닙니다.

어떤 전투는 **비트**, 멜로디, 영혼에 꽂히는 중독성 있는 가사, 또는 "멋지다"고 생각했던 옷에 새겨진 **상징**, 또는 악마들이 어둠 속에서 미소 짓는 가운데 몰아보는 "무해한" 쇼로 시작됩니다. 오늘날의 극도로 연결된 세상에서 마법은 **암호화되어 있으며,** 미디어, 음악, 영화, 패션을 통해 **노골적**으로 숨겨져 있습니다.

어두워진 소리 – 실제 이야기: "헤드폰"

미국에 사는 17세 소년 엘리야는 공황 발작, 잠 못 이루는 밤, 악령이 나오는 꿈을 겪기 시작했습니다. 그의 기독교인 부모는 그것이 스트레스 때문이라고 생각했습니다.

하지만 구출 세션 중에 성령께서 팀에게 자신의 **음악 에 대해 물어보라고 지시하셨습니다** .

그는 이렇게 고백했습니다. "저는 트랩 메탈을 듣습니다. 어두운 곡이라는 건 알지만… 제가 강인함을 느끼는 데 도움이 됩니다."

팀이 기도하며 그가 가장 좋아하는 곡 중 하나를 연주했을 때, 어떤 **계시가** 나타났습니다.

비트는 오컬트 의식의 **주문 트랙 으로 인코딩되었습니다** . 거꾸로 가면을 쓰자 "영혼을 굴복시키라"와 "루시퍼가 말한다" 같은 문구가 드러났습니다.

엘리야가 음악을 삭제하고 회개하며 그 관계를 끊자 평화가 돌아왔다. 전쟁은 그의 **귀문을** 통해 들어왔다 .

글로벌 프로그래밍 패턴

- **아프리카** - 돈과 관련된 의식과 관련된 아프로비트 노래; 가사에 숨겨진 "주술" 참조 ; 해양 왕국을 상징하는 패션 브랜드.

- **아시아** – 잠재의식적 성적, 영혼을 전달하는 메시지를 담은 K-팝; 신토의 악마 전설이 스며든 애니메이션 캐릭터.
- **라틴 아메리카** – 산 테리아 구호와 역설적인 주문을 외우는 레게톤.
- **유럽** – 패션 하우스(구찌, 발렌시아가)가 사탄적 이미지와 의식을 런웨이 문화에 녹여내고 있습니다.
- **북미** – 마법을 소재로 한 할리우드 영화(마블, 공포, "빛과 어둠" 영화); 재미 삼아 주문을 외우는 만화.

Common Entry Portals (and Their Spirit Assignments)

Media Type	Portal	Demonic Assignment
Music	Beats/samples from rituals	Torment, violence, rebellion
TV Series	Magic, lust, murder glorification	Desensitization, soul dulling
Fashion	Symbols (serpent, eye, goat, triangles)	Identity confusion, spiritual binding
Video Games	Sorcery, blood rites, avatars	Astral transfer, addiction, occult alignment
Social Media	Trends on "manifestation," crystals, spells	Sorcery normalization

행동 계획 - 분별, 해독, 방어
1. **플레이리스트, 옷장, 시청 기록을 살펴보세요**. 오컬트, 선정적, 반항적, 폭력적인 콘텐츠가 있는지 살펴보세요.
2. **성령께서** 모든 부정한 영향력을 드러내시도록 기도하세요.
3. **삭제하고 파기하세요**. 판매하거나 기부하지 마세요. 악마적인 것은 무엇이든 태우거나 버리세요. 물리적이든 디지털이든.
4. **여러분의 기기** 와 방과 귀에 기름을 바르고, 하나님의 영광을 위해 그것들을 거룩하게 선포하십시오.
5. **진실로 대체하세요** : 마음을 새롭게 하는 찬양 음악, 경건한 영화, 책, 성경 구절을 읽으세요.

그룹 신청
- 멤버들을 이끌고 "미디어 목록"을 작성하세요. 각자에게 포털일 가능성이 있는 쇼, 노래, 또는 아이템을 적어보게 하세요.
- 휴대폰과 헤드폰을 통해 기도하세요. 그리고 기름을 부어주세요.

- 3일에서 7일 동안 세속적인 매체를 사용하지 않고 "디톡스 단식"을 함께하세요. 오직 하나님의 말씀과 예배, 그리고 교제만을 먹으세요.
- 다음 회의에서 결과를 증언하세요.

주요 통찰력
악마들은 더 이상 당신의 집에 들어오기 위해 사당이 필요하지 않습니다. 그들이 원하는 것은 당신의 동의뿐이며, 재생 버튼을 누르기만 하면 됩니다.

반성 일지
- 내가 본 것, 들은 것, 입었던 것 중에 억압으로 가는 문을 열어줄 만한 것이 있을까?
- 나를 즐겁게 하는 것이 나를 노예로 만든다면, 그것을 포기할 의향이 있을까?
- 나는 "예술"이라는 이름으로 반항, 정욕, 폭력, 조롱을 정상화했는가?

정화의 기도
주 예수님, 영적인 완전한 해독을 구하며 당신 앞에 나아갑니다. 음악, 패션, 게임, 미디어를 통해 제 삶에 침투한 모든 암호 같은 주문을 드러내 주소서. 당신을 모독하는 것을 보고, 입고, 들었던 것을 회개합니다. 오늘 저는 영혼의 끈을 끊습니다. 모든 반역, 마법, 정욕, 혼란, 고통의 영을 쫓아냅니다. 제 눈과 귀, 마음을 깨끗이 해 주소서. 이제 제 몸과 미디어, 그리고 모든 선택을 당신께만 바칩니다. 예수님의 이름으로 기도합니다. 아멘.

37일차: 보이지 않는 권력의 제단 - 프리메이슨, 카발라, 그리고 오컬트 엘리트들

- 마태복음 4:8-9 *"너희가 주님의 잔과 귀신의 잔을 겸하여 마실 수는 없고, 주님의 식탁과 귀신의 식탁에 겸하여 참여할 수는 없습니다."* - 고린도전서 10:21

동굴이 아닌 회의실에 제단이 숨겨져 있습니다. 영혼은 정글에만 있는 것이 아닙니다. 정부 청사, 금융 타워, 아이비 리그 도서관, "교회"로 위장한 성소에도 영혼이 있습니다.

엘리트 오컬트 의 영역에 오신 것을 환영합니다. 프리메이슨, 장미 십자회, 카발라, 예수회, 동방의 별들, 그리고 **의식과 비밀, 그리고 상징으로 사탄에 대한 헌신을 감추는 숨겨진 루시퍼 사제단들이** 있습니다. 그들의 신은 이성, 힘, 그리고 고대 지식이지만, 그들의 **영혼은 어둠에 매여 있습니다**.

평범한 시야에 숨겨진

- **프리메이슨은** 자신을 건설자들의 형제단이라고 위장하지만, 상위 계층은 악마적 존재를 불러내고, 죽음의 서약을 하며, 루시퍼를 "빛의 전달자"로 찬양합니다.
- **카발라는** 신에게 신비롭게 접근할 수 있는 방법을 약속하지만, 교묘하게 야훼를 우주 에너지 지도와 수비학으로 대체합니다.
- **예수회의 신비주의는** 그 타락한 형태에서 종종 가톨릭적 이미지를 영적 조작과 세계 체제의 통제와 혼합합니다.
- **헐리우드, 패션, 금융, 정치는 모두 루시퍼에 대한 숭배에 불과한** 암호화된 메시지, 상징, 공개 의식을 전달합니다.

유명인만 영향을 받는 것은 아닙니다. 이러한 시스템은 다음과 같은 방식으로 **국가를 오염시킵니다**.
- 미디어 프로그래밍
- 교육 시스템
- 종교적 타협
- 재정적 의존성
- "입문식", "서약" 또는 "브랜드 거래"로 위장된 의식

실화 - "롯지가 내 혈통을 망쳤다"

영국 출신의 성공한 사업가 솔로몬(가명)은 인맥을 쌓기 위해 프리메이슨 롯지에 가입했습니다. 그는 빠르게 성장하며 부와 명예를 얻었습니다. 하지만 동시에 끔찍한 악몽을 꾸기 시작했습니다. 망토를 두른 남자들이 그를 소환하고, 피의 맹세를 하고, 어둠의 짐승들이 그를 쫓는 악몽이었습니다. 그의 딸은 자해를 시작하며, "존재" 때문에 그렇게 했다고 주장했습니다.

어느 날 밤, 그는 방에서 반인반자칼인 남자를 보았습니다. 그 남자가 그에게 말했습니다. *"넌 내 거야. 대가는 치러졌어."* 그는 구원 사역에 도움을 요청했습니다. **7개월 동안 금욕, 금식, 구토 의식을 치르고 모든 오컬트적 유대감을 없앤** 후에야 평화가 찾아왔습니다.

그는 나중에야 깨달았다. **그의 할아버지는 33도 프리메이슨이었다. 그는 자신도 모르게 그 유산을 이어받았을 뿐이었다.**

글로벌 리치

- **아프리카** – 부족 지도자, 판사, 목사들 사이의 비밀 결사 – 권력을 얻기 위해 피의 맹세를 맹세함.
- **유럽** – 몰타 기사단, 일루미나티 롯지, 엘리트 비전 대학.

- **북미** - 대부분의 창립 문서, 법원 구조, 심지어 교회에도 프리메이슨 재단이 존재합니다.
- **아시아** - 불교와 샤머니즘 혼합 종교에 뿌리를 둔 숨겨진 용 숭배, 조상 숭배, 정치 집단.
- **라틴 아메리카** - 산타 무에르테나 바포멧과 같은 루시퍼 영혼과 가톨릭 성인을 혼합한 종교적 혼합주의.

행동 계획 – 엘리트 제단 탈출

1. 프리메이슨, 동방의 별, 예수회 서약, 영지주의 서적, 신비주의 체계에 대한 모든 관여를 **포기하세요**. **심지어 이러한 것에 대한 "학문적" 연구도 마찬가지입니다.**
2. 장신구, 반지, 핀, 책, 앞치마, 사진, 상징 등을 **파괴하세요**.
3. **말로 하는 저주**, 특히 죽음의 맹세와 입문 서약을 어기십시오. 이사야 28장 18절 (" 너희가 죽음과 맺은 언약은 폐하여질 것이오...")을 활용하십시오.
4. 에스겔 8장, 이사야 47장, 요한계시록 17장을 읽으면서 **3일간 금식하세요**.

5. **제단을 다시 세우십시오** : 오직 그리스도의 제단에 자신을 다시 헌신하십시오(로마서 12:1-2). 성찬. 예배. 기름부음.

당신은 동시에 하늘의 궁정과 루시퍼의 궁정에 있을 수 없습니다. 당신의 제단을 선택하세요.

그룹 신청

- 귀하 지역의 일반적인 엘리트 조직을 찾아 그들의 영적 영향력에 대항하여 직접 기도하십시오.
- 가족이 프리메이슨이나 그와 유사한 컬트에 연루되었을 경우 회원들이 비밀리에 고백할 수 있는 세션을 개최합니다.
- 기름과 성찬을 가져오세요. 비밀리에 맺은 맹세, 의식, 인장을 대량으로 포기하세요.
- 자존심을 깨세요. 그룹에게 상기시켜주세요: **어떤 접근도 여러분의 영혼을 가치 있게 만들 수는 없습니다.**

주요 통찰력

비밀 결사는 빛을 약속합니다. 하지만 오직 예수님만이 세상의 빛입니다. 다른 모든 제단은 피를 요구하지만 구원할 수는 없습니다.

반성 일지

- 내 혈통 중에 비밀 사회나 "조직"에 연루된 사람이 있었나요?
- 나는 학술적 텍스트로 위장한 오컬트 서적을 읽거나 소유한 적이 있는가?
- 내 옷, 예술 작품, 보석에는 어떤 상징(오각별, 전지전능한 눈, 태양, 뱀, 피라미드)이 숨겨져 있나요?

포기의 기도
아버지시여, 예수 그리스도를 기반으로 하지 않은 모든 비밀 결사, 롯지, 맹세, 의식, 제단을 거부합니다. 조상의 언약, 혈통, 그리고 제 입에서 나온 언약을 깨뜨립니다. 프리메이슨, 카발라, 신비주의, 그리고 권력을 위해 맺어진 모든 은밀한 계약을 거부합니다. 빛을 약속했지만 속박만 안겨준 모든 상징, 모든 인장, 그리고 모든 거짓을 파기합니다. 예수님, 당신을 다시 저의 유일한 주인으로 즉위시킵니다. 당신의 빛을 모든 비밀스러운 곳에 비추소서. 당신의 이름으로 저는 자유롭게 나아갑니다. 아멘.

38일째: 자궁의 언약과 물의 왕국 - 태어나기 전에 운명이 더럽혀질 때

"악인은 모태에서부터 버려졌고 태어나자마자 거짓을 말하며 길을 잃었느니라" - 시편 58:3
"내가 너를 모태에서 짓기 전에 너를 알았고 네가 태어나기 전에 너를 구별하였노라" - 예레미야 1:5

만약 당신이 싸우고 있는 싸움이 당신의 선택에서 시작되지 않고, 당신의 생각에서 시작된다면 어떨까요?
당신이 아직 자궁에 있을 때, 어두운 곳에서 당신의 이름이 불린다면 어떨까요?

당신이 첫 숨을 쉬기도 전에 **당신의 정체성이 바뀌고**, **운명이 팔리고**, **영혼에 표시가 생긴다면** 어떨까요?
특히 조상과 해안의 깊은 의식이 있는 지역에서 **세대를 묶어주는 수중 입문**, **해양 정령 계약**, **신비로운 자궁 주장**의 현실입니다.

물의 왕국 - 아래의 사탄의 왕좌

보이지 않는 영역에서 사탄은 **공중만 지배하는 것이 아닙니다**. 그는 바다, 강, 호수 아래에 있는 거대한 악마의 영혼, 제단, 의식의 네트워크인 **해양 세계 도 지배합니다.**

해양 영혼 (일반적으로 *마미 와타*, *해안의 여왕*, *영혼의 아내/남편* 등으로 불림)은 다음과 같은 역할을 합니다.

- 조사
- 불임과 유산
- 성적 속박과 꿈
- 정신적 고통
- 신생아의 고통
- 사업의 상승과 하락 패턴

합법적인 지위를 얻게 되는가?
자궁에서.
태어나기 전 보이지 않는 입문

- **조상에 대한 헌신** - 건강하게 태어나면 신에게 "약속"된 아이.
- 임신 중에 자궁을 만지는 **신비로운 여사제들**.
- 가족이 지어준 **성약의 이름** - 자신도 모르게 바다의 여왕이나 영혼을 기리는 이름.
- 강물, 부적, 신사의 약초 등을 이용해 행하는 **출산 의식**.

- **탯줄을 매장함**.
- **신비주의적 환경에서의 임신** (예: 프리메이슨 롯지, 뉴에이지 센터, 일부다처제 컬트).

어떤 아이들은 이미 노예로 태어나기도 합니다. 그래서 태어나자마자 격렬하게 비명을 지르는 겁니다. 그들의 영혼이 어둠을 감지하기 때문입니다.

실제 이야기 - "내 아기는 강에 속해 있었어요"

시에라리온 출신의 제시카는 5년 동안 임신을 시도해 왔습니다. 마침내 "예언자"가 목욕용 비누와 자궁에 바를 기름을 준 덕분에 임신에 성공했습니다. 아기는 건강하게 태어났지만, 생후 3개월 무렵부터 밤에 쉬지 않고 울기 시작했습니다. 물을 싫어했고, 목욕할 때는 비명을 질렀으며, 강가에 데려가면 몸을 심하게 떨었습니다.

어느 날, 그녀의 아들이 경련을 일으키며 4분간 사망했습니다. 하지만 아들은 다시 살아났고, **생후 9개월 만에 제대로 된 말을 하기 시작했습니다**. "저는 여기 속하지 않아요. 저는 여왕님께 속해요." 겁에 질린 제시카는 구원을 구했습니다. 아이는 14일간의 금식과 금욕 기도를 한 후에야 풀려났습니다. 남편은 마을에 숨겨둔 가족 우상을 파괴해야만 고통이 멈출 수 있었습니다.

아기들은 아무것도 모르고 태어나지 않습니다.
우리가 그들을 위해 싸워야 할 싸움 속에서
태어나는 것입니다.

글로벌 패러렐즈
- **아프리카** – 강 제단, 마미 와타 헌정, 태반 의식.
- **아시아** – 불교나 유심론적 출산 시에 불러들이는 물의 정령.
- **유럽** – 드루이드교의 조산사 계약, 조상의 물 의례, 프리메이슨 헌신.
- **라틴 아메리카** – 산테리아 명명, 강의 정령(예: 오순), 점성술 차트에 따른 탄생.
- **북미** – 뉴에이지 출산 의식, 영적 가이드와 함께하는 최면 출산, 영매의 "축복 의식".

자궁에서 시작된 속박의 징후
- 세대를 거쳐 반복되는 유산 패턴
- 유아 및 어린이의 야간 공포증
- 의학적 승인에도 불구하고 설명할 수 없는 불임
- 끊임없는 물의 꿈(바다, 홍수, 수영, 인어)
- 물이나 익사에 대한 비이성적인 두려움

- "주장받는다"는 느낌 – 마치 태어날 때부터 누군가가 지켜보고 있는 것 같은 느낌

행동 계획 – 자궁 언약을 깨세요

1. **성령께서** 당신(또는 당신의 자녀)이 자궁 내 의식을 통해 세례를 받았는지 알려달라고 기도하세요.
2. 임신 중에 맺은 모든 계약을 고의적이든 무의식적 **이든 포기하세요**.
3. 어머니가 부재중이더라도, **당신 자신의 탄생 이야기를 기도하세요**. 당신 삶의 합법적인 **영적 문지기로서 기도하세요.**
4. **이사야 49장과 시편 139장을 금식하며** 신성한 청사진을 되찾으세요.
5. **임신 중이라면** : 배에 기름을 바르고 매일 태아에 대해 기도하세요.

"너희는 주님께 구별되었으니, 물과 피와 어둠의 영이 너희를 소유하지 못할 것이다. 너희는 예수 그리스도의 것이다. 몸과 혼과 영이 다 너희에게 속하였느니라."

그룹 신청

- 참가자들에게 출생 이야기에 대해 아는 내용을 적어 달라고 요청합니다. 여기에는 의식, 조산사, 명명 사건 등이 포함됩니다.
- 부모님들께 "그리스도 중심의 명명 및 성약 예배"를 통해 자녀를 새롭게 헌신하도록 격려하십시오.
- *이사야 28:18*, *골로새서 2:14*, *요한계시록 12:11*을 사용하여 물 언약을 깨는 기도를 인도하십시오.

주요 통찰력

자궁은 문입니다. 그리고 그곳을 통과하는 것은 종종 영적인 짐을 싣고 들어옵니다. 하지만 어떤 자궁 제단도 십자가보다 더 크지는 않습니다.

반성 일지

- 내가 임신하거나 태어나는 데 어떤 물건, 기름, 부적 또는 이름이 관련되었나요?
- 나는 어린 시절부터 시작된 영적 공격을 경험하고 있는가?
- 나는 자신도 모르게 해양 조약을 내 자녀들에게 물려줬는가?

해방의 기도

하늘에 계신 아버지, 당신께서는 제가 창조되기 전에 저를 알고 계셨습니다. 오늘 저는 태어나기 전이나 태어나기 전에 행했던 모든 숨겨진 언약, 물 의식, 그리고 악마의 헌신을 깨뜨립니다. 바다의 정령, 수호신, 또는 대대로 전해 내려오는 자궁 제단의 모든 주장을 거부합니다. 예수님의 보혈로 제 탄생 이야기와 제 자녀들의 이야기를 다시 쓰게 하소서. 저는 물 제단이 아닌 성령으로 태어났습니다. 예수님의 이름으로 기도합니다. 아멘.

39일차: 물 세례로 속박에서 벗어나다 - 유아, 이니셜, 보이지 않는 언약이 어떻게 문을 여는가

"그들이 무죄한 피, 곧 가나안의 우상들에게 제사한 자기 아들딸들의 피를 흘렸고, 그 땅은 그들의 피로 더럽혀졌습니다." - 시편 106:38
"용사에게서 탈취물을 빼앗을 수 있겠느냐? 사나운 자에게서 포로를 건져낼 수 있겠느냐?" 그러나 여호와께서 이렇게 말씀하신다. "용사에게서 포로를 빼앗을 수 있겠고, 사나운 자에게서 탈취물을 건져낼 수 있겠느냐?" - 이사야 49:24-25

많은 운명은 **성인이 되어서야 틀어지는 것이 아니라, 유아기에 납치 되기도 합니다**.
겉보기에 순진해 보이는 이름 짓기 의식…
"아이를 축복하기 위해" 강물에 가볍게 몸을 담그는 것 …
손에 든 동전… 혀 밑에 난 상처… "영적인 할머니"에게서 받은 기름… 심지어 태어날 때 받은 이니셜까지도…

그것들은 모두 문화적이며, 전통적이고, 무해해 보일지 모릅니다.
하지만 어둠의 왕국은 **전통 속에 숨어 있으며**, 많은 어린이들이 "예수"라고 말하기도 전에 **비밀리에 입문했습니다**.

실화 - "나는 강에서 이름을 따왔다"
말릭 이라는 소년은 강과 폭풍에 대한 이상한 두려움을 안고 자랐습니다. 어렸을 때 할머니는 그를 보호하기 위해 "영혼과의 만남"을 위해 시냇가로 데려갔습니다. 그는 일곱 살 때부터 목소리를 듣기 시작했고, 열 살 때는 밤에 영혼의 방문을 받았습니다. 열네 살 때는 항상 곁에 "존재" 하는 존재를 느끼고 자살을 시도했습니다.
구원 집회에서 악령들이 격렬하게 나타나 "우리가 강으로 들어갔어! 이름이 불렸어!"라고 소리쳤습니다. 그의 이름 "말릭"은 "강의 여왕을 기리는" 영적인 작명 전통의 일부였습니다.
그리스도 안에서 그의 이름이 바뀌기 전까지 고통은 계속되었습니다. 그는 현재 조상에게 헌신하는 의식에 갇힌 젊은이들 사이에서 구원 사역을 하고 있습니다.

어떻게 일어나는가 - 숨겨진 함정

1. **언약으로서의 이니셜**

   일부 이니셜, 특히 조상의 이름, 가문의 신, 물의 신과 관련된 이니셜(예: "MM" = 마미/해군; "OL" = 오야/오리샤 혈통)은 악마의 서명 역할을 합니다.

2. **유아가 강/하천에서 목욕하는 것은**

   "보호" 또는 "정화"를 위해 행해지는데, 이는 종종 **바다의 정령에게 세례를 베푸는 것과 같습니다** .

3. **비밀 명명식**

   제단이나 신사 앞에서 대중에게 알려진 이름과 다른 이름을 속삭이거나 말하는 의식입니다.

4. **모반 의식 아이의 이마**

   나 사지에 기름, 재 또는 피를 발라 영혼이 아이를 찾아올 수 있도록 "표시"하는 의식입니다.

5. **물로 탯줄을 매다는 장례**

   탯줄을 강이나 개울에 떨어뜨리거나 물 주문을 담아 묻어 아이를 물 제단에 묶는 풍습입니다.

만약 당신의 부모님이 당신을 그리스도께로 언약하지 않았다면, 다른 누군가가 당신을 그리스도로 믿었을 가능성이 있습니다.

전 세계 오컬트 자궁 결합 관행
- **아프리카** - 강의 신의 이름을 아기에게 붙여주고, 바다 제단 근처에 끈을 묻습니다.
- **카리브해/라틴 아메리카** - 산테리아 세례 의식, 허브와 강에서 가져오는 물건을 이용한 요루바식 헌신 의식.
- **아시아** - 갠지스 강물을 이용한 힌두교 의식, 원소의 영혼과 관련된 점성학적으로 계산된 이름 지정.
- **유럽** - 숲/물 수호자를 불러일으키는 드루이드교나 비전적인 명명 전통.
- **북미** - 원주민의 의례 헌정, 현대 위카의 아기 축복, "고대 가이드"를 불러일으키는 뉴에이지 명명 의식.

어떻게 알 수 있나요?
- 설명할 수 없는 어린 시절의 고통, 질병 또는 "상상의 친구"
- 강, 인어, 물에 쫓기는 꿈
- 교회에 대한 혐오감과 신비로운 것에 대한 매혹
- 태어나면서부터 "따려진다"는 느낌, 혹은 지켜보는 듯한 느낌

- 유아기와 관련된 두 번째 이름이나 알려지지 않은 의식을 발견하다

행동 계획 - 유아기를 구원하다

1. **성령께 물어보세요** : 제가 태어났을 때 무슨 일이 일어났나요? 어떤 영적인 손길이 저를 만졌나요?
2. **모든 숨겨진 헌신을 포기하십시오**. "나는 주 예수 그리스도께 드린 것이 아닌, 나를 위해 맺어진 모든 언약을 거부합니다."
3. **조상의 이름, 이니셜, 토큰과의 관계를 끊으세요**.
4. **이사야서 49:24-26, 골로새서 2:14, 고린도후서 5:17을 사용하여** 그리스도 안에서의 정체성을 선언하십시오.
5. 필요하다면 **재헌신 의식을 거행하세요**. 자신(또는 자녀)을 새롭게 하나님께 드리고, 인도를 받는다면 새로운 이름을 선포하세요.

그룹 신청

- 참가자들에게 자신의 이름에 얽힌 이야기를 조사해 보라고 합니다.

- 영적으로 이름을 바꿀 수 있는 공간을 마련하세요. 사람들이 "다윗", "에스더"와 같은 이름을 사용하거나 영적으로 인도받는 정체성을 가질 수 있도록 하세요.
- 그룹을 이끌고 상징적인 헌신의 *재세례를 행합니다*. 물에 잠기는 것이 아니라 기름부음과 그리스도와의 말씀에 기초한 언약을 행합니다.
- 부모가 기도하면서 자녀에 대한 성약을 깨뜨리도록 하세요. "너희는 예수님의 소유다. 어떤 영도, 강물도, 조상의 유대감도 법적 근거가 없다."

주요 통찰력

당신의 시작은 중요합니다. 하지만 그것이 당신의 끝을 규정할 필요는 없습니다. 모든 강에 대한 요구는 예수님의 보혈의 강으로 깨질 수 있습니다.

반성 일지

- 어떤 이름이나 이니셜을 받았고, 그것들은 무슨 뜻인가?
- 제가 태어날 때 포기해야 할 비밀스러운 의식이나 문화적 의식이 있었나요?

- 나는 정말로 내 삶, 즉 내 몸과 영혼, 이름과 정체성을 주 예수 그리스도께 바쳤는가?

구원의 기도
아버지 하나님, 예수님의 이름으로 당신 앞에 나아갑니다. 저는 출생 시 행했던 모든 언약과 헌신, 의식을 거부합니다. 모든 이름 짓기, 물세례, 조상에 대한 모든 주장을 거부합니다. 이니셜, 이름 짓기, 숨겨진 제단 등 어떤 방식으로든 제 삶에 대한 모든 악마적인 권리를 취소합니다. 이제 저는 온전히 당신의 것임을 선포합니다. 제 이름은 생명책에 기록되어 있습니다. 제 과거는 예수님의 피로 덮여 있으며, 제 정체성은 성령으로 인쳐졌습니다. 아멘.

40일차: 전달받는 자에서 전달하는 자로 - 당신의 고통은 당신의 안수입니다

"그러나 자기들의 하나님을 아는 백성은 강하고 용맹을 떨칠 것이다." -다니엘 11:32
"그러자 주님께서는 그들을 약탈자들의 손에서 구원해 내는 재판관들을 일으키셨다." -사사기 2:16

당신은 교회에 조용히 앉아 있으라고 구원받은 것이 아닙니다.
단지 살아남기 위해 해방된 것도 아닙니다. 당신은 **다른 사람들을 구원하기 위해 구원받았습니다**.
마가복음 5장에서 귀신 들린 사람을 고치신 바로 그 예수님께서 그를 데가볼리로 돌려보내 그 이야기를 전하게 하셨습니다. 신학교도 없고, 안수도 없었습니다. 그저 **불타는 간증** 과 불붙은 입만 있었을 뿐입니다.
당신은 그 남자입니다. 그 여자입니다. 그 가족입니다. 그 나라입니다.
당신이 견뎌낸 고통은 이제 당신의 무기입니다.
당신이 벗어났던 고통은 당신의 나팔입니다. 당신을

어둠 속에 가두었던 것이 이제 **당신의 통치 무대가 됩니다.**

실제 이야기 – 해병대 신부에서 구출 목사로

카메룬 출신의 레베카는 바다의 정령의 전 신부였습니다. 그녀는 여덟 살 때 해안에서 열린 작명 의식을 통해 입문했습니다. 열여섯 살 무렵, 그녀는 꿈속에서 성관계를 갖고 눈으로 남자들을 조종했으며, 마법으로 여러 차례 이혼을 초래했습니다. 그녀는 "예쁜 저주"로 알려졌습니다. 대학에서 복음을 접했을 때, 그녀의 악령은 사납게 돌아섰습니다. 6개월 동안 금식하고, 구원받고, 깊이 제자 훈련을 받은 후에야 그녀는 자유로워질 수 있었습니다.
오늘날 그녀는 아프리카 전역의 여성들을 위한 해방 컨퍼런스를 열고 있습니다. 그녀의 순종을 통해 수천 명의 여성이 해방되었습니다.
만약 그녀가 아무 말도 하지 않았다면?

사도적 부상 – 전 세계 구원자들이 탄생하고 있습니다

- **아프리카에서는** 전직 무당들이 이제 교회를 세웁니다.

- **아시아에서는** 전직 불교 신자들이 비밀의 집에서 그리스도를 전파합니다.
- **라틴 아메리카에서는** 이전에 산테리아 사제였던 사람들이 이제 제단을 부순다.
- **유럽에서는** 전직 신비주의자들이 온라인에서 해설적 성경 연구를 진행합니다.
- **북미에서는** 뉴에이지 사기에서 살아남은 사람들이 매주 구원 줌 모임을 주도하고 있습니다.

그들은 **믿을 수 없는 존재**, 망가진 존재, 어둠의 노예였지만 이제는 빛 속으로 행진하는 존재입니다. 그리고 **당신도 그들 중 하나입니다**.

최종 실행 계획 - 부름 에 참여하세요

1. 극적이지 않다고 생각되더라도 **간증을 적어 보세요**. 누군가는 당신의 자유에 대한 이야기를 필요로 합니다.
2. **작은 것부터 시작하세요**. 친구를 위해 기도해 보세요. 성경 공부를 하세요. 구원의 과정을 나눠 보세요.
3. **배우는 것을 멈추지 마십시오**. 구원자는 말씀 안에 머물고, 회개하고, 예리함을 유지해야 합니다.

4. **가족을 보호하세요** – 당신과 당신의 자녀에게서 어둠이 멈춘다고 매일 선언하세요.

5. **영적 전쟁터를 선포하십시오**. 직장, 집, 거리. 문지기가 되십시오.

그룹 커미셔닝

오늘은 단순한 헌신이 아니라 **위임식 입니다**.

- 서로의 머리에 기름을 바르고 이렇게 말하십시오.

"당신은 구원하기 위해 구원받았습니다. 일어나십시오, 하나님의 심판자시여."

- 그룹으로 큰 소리로 선언하세요:

"우리는 더 이상 생존자가 아니다. 우리는 전사다. 우리는 빛을 품고, 어둠은 떨고 있다."

- 담대함과 영향력을 계속 키워나가기 위해 기도 파트너나 책임 파트너를 정하세요.

주요 통찰력

어둠의 왕국에 대한 가장 큰 복수는 자유만이 아니다.
그것은 증식이다.

최종 반성 일지

- 내가 어둠에서 빛으로 넘어왔다는 것을 깨달은 순간은 언제였을까?
- 누가 내 이야기를 들어야 할까요?
- 이번 주에는 어디에서 의도적으로 빛을 비출 수 있을까요?
- 나는 다른 사람들을 자유롭게 하기 위해 조롱당하고, 오해받고, 저항받는 것을 감수할 의향이 있는가?

위임의 기도

아버지 하나님, 40일 동안의 불과 자유, 그리고 진리에 감사드립니다. 당신께서는 단지 저를 보호하기 위해 구원하신 것이 아니라, 다른 사람들을 구원하기 위해 저를 구원하셨습니다. 오늘 저는 이 겉옷을 받습니다. 제 간증은 검입니다. 제 상처는 무기입니다. 제 기도는 망치입니다. 제 순종은 예배입니다. 이제 저는 예수님의 이름으로 불을 지르는 자, 구원자, 빛을 전하는 자로서 살아갑니다. 저는 당신의 것입니다. 어둠은 제 안에, 제 주변에 있을 곳이 없습니다. 저는 제 자리를 차지합니다. 예수님의 이름으로 기도합니다. 아멘.

360° 매일 구원과 지배 선언
- 1부

"너를 대적하여 제조된 어떤 무기도 쓸모가 없을 것이요, 너를 대적하여 심판하는 모든 혀는 네가 정죄하리라. 이것이 여호와의 종들의 기업이니라..." - 이사야 54:17

오늘과 매일, 나는 영과 혼과 육으로 그리스도 안에서 온전히 자리 잡습니다.

나는 어둠의 왕국으로 통하는 모든 문을 닫는다. 알려진 문이든 알려지지 않은 문이든.

나는 예수의 피를 힘입어 사악한 제단, 조상의 영혼, 영적 배우자, 신비주의 사회, 마법, 악마의 동맹과의 모든 접촉, 계약, 언약, 교제를 끊습니다!

저는 판매 대상이 아니며, 접근이 불가능합니다. 모집 대상도 아니며, 재입회도 불가합니다.

모든 사탄의 소환, 영적 감시, 사악한 소환은 예수의 이름으로 불로 흩어지라!

저는 그리스도의 마음과 아버지의 뜻, 그리고
성령의 음성에 제 자신을 묶습니다.
저는 빛과 진리와 능력과 순결함과 목적을 가지고
걷습니다.

나는 꿈, 트라우마, 섹스, 의식, 미디어 또는 거짓
가르침을 통해 열리는 제3의 눈, 정신적 문,
불경스러운 문을 모두 닫았습니다.

예수의 이름으로, 하나님의 불이 내 영혼에 있는
모든 불법적 축적을 소멸하게 하소서.

내가 공중과 땅과 바다와 별과 하늘에 말하노니,
너희는 나를 대적하지 못할 것이다.
내 삶과 가족, 소명, 혹은 영토를 대적하는 모든
숨겨진 제단, 첩자, 감시자, 혹은 속삭이는 악령은
예수님의 피로 무장 해제되고 침묵하라!
나는 하나님의 말씀에 마음을 담급니다.
내 꿈은 거룩하고, 내 생각은 보호받으며, 내 잠은
거룩하고, 내 몸은 불의 성전입니다.
이 순간부터 저는 360도 구원을 향해 나아갑니다.
숨겨진 것도, 놓친 것도 없습니다.
모든 잔재가 깨어지고, 모든 세대의 멍에가
부서지며, 회개하지 않은 모든 죄가 드러나고
깨끗해집니다.

나는 선언합니다:
- **어둠은 나를 지배할 수 없습니다.**
- **우리 집은 화재 위험 지역이에요.**
- **나의 문은 영광으로 봉쇄되었다.**
- **나는 순종 속에 살고 권능 속에 걷는다.**

나는 우리 세대의 구원자로 일어선다.
나는 뒤돌아보지 않을 것이다. 나는 돌아가지 않을 것이다. 나는 빛이요, 나는 불이요, 나는 자유롭다. 예수님의 강력한 이름으로 기도합니다. 아멘!

360° 구원과 지배의 일일 선언 - 2부

마법, 주술, 흑마법사, 영매, 악마의 통로로부터의 **보호**
자신과 다른 사람들의 영향이나 속박 아래서의 **해방**
예수님의 피로 **깨끗이 씻고 덮으심**
그리스도 안에서 **의 건전함, 정체성, 자유의 회복**
마법, 영매, 흑마법사, 영적 속박으로부터의
보호와 자유
(예수님의 피와 우리 간증의 말씀을 통해)
"그들은 어린 양의 피와 자기들의 증거의 말씀으로 그를 이겼느니라…"
- *요한계시록 12:11*

"주님께서는 거짓 선지자들의 표적을 좌절시키시고 점쟁이들을 어리석은 자로 만드시며 그 종의 말씀을 확증하시고 그 사자의 권고를 이루시느니라."
- *이사야 44:25-26*

"주의 영이 내게 임하셨으니…포로된 자에게 자유를, 갇힌 자에게 놓임을 전파하게 하려 하심이로다…"
- *누가복음 4:18*

개회기도:

아버지 하나님, 오늘 예수님의 보혈로 담대히 나아갑니다. 당신의 이름 안에 있는 능력을 인정하며, 당신만이 저의 구원자이시며 변호자이심을 선포합니다. 저는 당신의 종이며 증인으로 서서 오늘 담대하고 권위 있게 당신의 말씀을 선포합니다.

보호와 구원의 선언

1. **마법, 영매, 흑마법사, 그리고 영적 영향으로부터의 구원:**
   - 나는 마법, 흑마법, 영매 또는 영적 통로를 통해 말하거나 행하는 모든 저주, 주문, 점술, 마법, 조작, 감시, 영적 투영 또는 영혼의 유대감을 **끊고 포기합니다**.
   - 나는 **예수님의 피가** 나 또는 내 가족을 묶고, 주의를 산만하게 하고, 속이고, 조종하려는 모든 더러운 영을 대적한다고 **선언합니다**.
   - 나는 **모든 영적 간섭, 소유, 억압, 영혼의 속박이** 지금 예수 그리스도의 이름으로 권위에 의해 깨질 것을 명령합니다.

- 저는 저 자신과, 고의로든 무의식적으로든 마법이나 거짓 빛의 영향 아래 있는 모든 사람을 위해 구원을 선포합니다. 지금 나오세요! 예수님의 이름으로 자유로워지세요!
- 나는 하나님의 불이 우리의 운명을 노예로 만들거나 덫에 걸려들게 하려고 영적으로 세워진 **모든 영적인 멍에, 사탄의 계약, 제단을 태워버리기**를 기도합니다.

"야곱에게는 주술이 없고 이스라엘에게는 점술이 없느니라" - *민수기 23:23*

2. 자기 자신, 자녀, 가족의 정화와 보호:
   - 저는 예수님의 피가 제 **정신, 영혼, 정신, 육체, 감정, 가족, 자녀, 그리고 일에 임하기**를 간구합니다.
   - 나는 선언합니다. 나와 내 집은 **성령으로 인치심을 받고 그리스도와 함께 하나님 안에 숨겨졌습니다.**
   - 우리를 대적하여 만들어진 어떤 무기도 성공하지 못할 것입니다. 우리를 향해 악한 말을 하는 모든 혀는 예수님의 이름으로 **심판받고 잠잠해질 것 입니다.**

- **두려움, 고통, 혼란, 유혹, 통제의** 모든 영을 버리고 몰아냅니다.

"나는 거짓말하는 자들의 표적을 무효하게 하는 여호와이다…" – *이사야 44:25*

3. **정체성, 목적, 건전한 정신의 회복:**
   - 기만이나 영적 타협을 통해 **거래되거나, 함정에 빠지거나, 도난당한** 내 영혼과 정체성의 모든 부분을 되찾습니다.
   - 나는 선언합니다: 나는 **그리스도의 마음을 가지고 있으며**, 명확함과 지혜, 권위 안에서 살아갑니다.
   - 나는 선언합니다. 나는 **모든 세대의 저주와 집안의 마법으로부터 구원받았으며**, 주님과 언약을 맺고 걷습니다.

"하나님께서는 나에게 두려움의 영을 주지 아니하시고 오직 능력과 사랑과 절제의 영을 주셨느니라" – *디모데후서 1:7*

4. **매일 그리스도 안에서의 보호와 승리:**
   - 나는 선언한다: 오늘 나는 신의 **보호와 분별력, 그리고 평화 속에서 걷는다**.
   - 예수님의 피는 나에게 **더 좋은 것을 말해 줍니다**. 보호, 치유, 권위, 자유 말입니다.

- 오늘을 위해 세워진 모든 악한 임무는 뒤집힙니다. 나는 그리스도 예수 안에서 승리와 기쁨으로 걸어갑니다.

"천 명이 내 곁에 엎드러지고 만 명이 내 오른편에 엎드러지나 이 재앙이 내게 가까이 오지 못하리라…" - 시편 91:7

최종 선언 및 증언:

"나는 모든 형태의 어둠, 마법, 흑마법, 주술, 심령 조작, 영혼 변조, 사악한 영적 전이를 내 힘이 아닌 **예수님의 피와 내 간증의 말씀으로 극복합니다**."

"나는 선포합니다. **나는 구원받았습니다. 내 집은 구원받았습니다.** 모든 숨겨진 멍에가 깨졌습니다. 모든 함정이 드러났습니다. 모든 거짓 빛이 꺼졌습니다. 나는 자유 안에서 행합니다. 나는 진리 안에서 행합니다. 나는 성령의 능력 안에서 행합니다."

"주님께서는 당신 종의 말씀을 확증하시고, 당신 사자의 권고를 이루십니다. 오늘과 앞으로 매일 그렇게 되실 것입니다."

예수님의 강력한 이름으로, **아멘.**

성경 참조:
- 이사야 44:24-26

- 요한계시록 12:11
- 이사야 54:17
- 시편 91편
- 민수기 23:23
- 누가복음 4:18
- 에베소서 6:10-18
- 골로새서 3:3
- 디모데후서 1:7

360° 매일 구원과 지배 선언
- 3부

"여호와는 전쟁의 사람이시니 여호와는 그의 이름이시니라" - 출애굽기 15:3
"그들은 어린 양의 피와 자기들의 증거의 말씀으로 그를 이겼느니라" - 요한계시록 12:11

오늘 나는 일어나 그리스도 안에 자리를 잡습니다. 하늘에 앉아 모든 통치권과 권세와 왕좌와 주권, 그리고 일컬어지는 모든 이름 위에 높이 솟아오릅니다.

나는 포기한다

나는 알려지거나 알려지지 않은 모든 언약, 맹세 또는 입문을 포기합니다.

- 프리메이슨(1도~33도)
- 카발라와 유대교 신비주의
- 동부별과 로지크루시언
- 예수회와 일루미나티
- 사탄 형제단과 루시퍼 종파
- 해양 정신과 해저 계약
- 쿤달리니 뱀, 차크라 정렬 및 제3의 눈 활성화

- 뉴에이지 기만, 레이키, 기독교 요가, 그리고 아스트랄 여행
- 마법, 주술, 흑마법, 그리고 천체 계약
- 섹스, 의식, 비밀 계약으로 인한 신비로운 영혼의 유대감
- 내 혈통과 조상의 사제직에 대한 프리메이슨의 맹세

나는 모든 영적 탯줄을 끊습니다.
- 고대의 피의 제단
- 거짓 예언의 불
- 영혼의 배우자와 꿈의 침략자
- 신성 기하학, 빛의 코드, 그리고 우주의 법칙 교리
- 거짓 그리스도, 친숙한 영, 가짜 성령

예수님의 보혈이 나를 위해 말씀하게 하소서. 모든 계약이 찢어지게 하소서. 모든 제단이 무너지게 하소서. 모든 악마적 정체성이 지워지게 하소서. 지금 당장!

나는 선언한다

나는 선언합니다:
- 내 몸은 성령의 살아있는 성전입니다.
- 나의 마음은 구원의 투구로 보호됩니다.

- 나의 영혼은 매일 말씀의 씻음으로 거룩해집니다.
- 내 피는 갈보리에서 깨끗해졌습니다.
- 내 꿈은 빛 속에 봉인되어 있어요.
- 내 이름은 어린 양의 생명책에 기록되어 있습니다. 어떤 신비로운 등록부, 숙소, 항해일지, 두루마리, 인장에도 기록되어 있지 않습니다!

나는 명령한다

나는 명령한다:

- 어둠의 모든 요원, 즉 감시자, 감시자, 영적 투사자는 눈이 멀고 흩어지게 될 것입니다.
- 지하 세계, 바다 세계, 아스트랄계와의 모든 끈이 끊어지리라!
- 모든 어두운 흔적, 임플란트, 의식적 상처, 영적인 낙인은 불로 정화되어야 합니다!
- 거짓말을 속삭이는 모든 친숙한 영혼을 지금 당장 침묵시키세요!

나는 분리한다

나는 다음으로부터 손을 떼었다:

- 모든 악마의 타임라인, 영혼 감옥, 영혼의 감옥

- 모든 비밀 사회 순위 및 학위
- 내가 입었던 모든 거짓 망토, 왕좌, 왕관
- 하나님이 작성하지 않은 모든 정체성
- 어둠의 체계에 의해 강화된 모든 동맹, 우정 또는 관계

나는 설립한다

나는 다음을 확립합니다.
- 나와 내 가족을 둘러싼 영광의 방화벽
- 모든 문, 현관, 창문, 길에 거룩한 천사들이 있습니다
- 내 미디어, 음악, 기억, 마음의 순수함
- 내 우정, 사역, 결혼, 그리고 선교에서의 진실
- 성령과의 끊임없는 교제

제출합니다

죽임을 당하신 어린 양, 통치하시는 왕 , 포효하시는 사자이신 예수 그리스도께 온전히 복종합니다 .

나는 빛을 택한다. 나는 진실을 택한다. 나는 순종을 택한다.

나는 이 세상의 어둠의 왕국에 속하지 않습니다.
나는 우리 하나님과 그분의 그리스도의 왕국에
속합니다.

나는 적에게 경고한다
본 선언을 통해 다음 사항에 대한 통지를
발행합니다.
- 모든 고위 공국
- 도시, 혈통, 국가를 다스리는 모든 영
- 모든 영적 여행자, 마녀, 흑마법사, 혹은 타락한 별들…

나는 건드릴 수 없는 존재입니다.
내 이름은 당신의 기록 보관소에 없습니다. 내
영혼은 팔리지 않습니다. 내 꿈은 당신의 손에
있습니다. 내 몸은 당신의 신전이 아닙니다. 내
미래는 당신의 놀이터가 아닙니다. 나는 다시
속박으로 돌아가지 않을 것입니다. 조상의 순환을
반복하지 않을 것입니다. 나는 이상한 불을 품지
않을 것입니다. 나는 뱀들의 안식처가 되지 않을
것입니다.

나는 봉인한다
나는 이 선언문을 다음과 같이 날인합니다.

- 예수님의 피
- 성령의 불
- 말씀의 권위
- 그리스도의 몸의 일치
- 내 간증의 소리

예수의 이름으로, 아멘, 아멘

결론: 생존에서 아들됨으로 - 자유롭게 지내기, 자유롭게 살기, 다른 사람들을 자유롭게 하기

"그러므로 그리스도께서 우리를 자유롭게 하신 자유 안에 굳게 서서 다시는 종의 멍에를 메지 마십시오." - 갈라디아서 5:1

"그분께서는 그들을 어둠과 죽음의 그늘에서 인도해 내시고 그들의 사슬을 끊어 버리셨습니다." - 시편 107:14

이 40일은 단순히 지식만을 위한 시간이 아니었습니다. 그것은 **전쟁** 과 **각성** , 그리고 **통치 안에서 행하는 것에 관한 시간이었습니다** . 어둠의 왕국이 어떻게 작동하는지, 미묘하게, 세대를 거쳐, 때로는 공개적으로, 목격하셨습니다. 조상 대대로 내려오는 문, 꿈의 세계, 신비로운 계약, 세계적인 의식, 그리고 영적인 고통을 겪어 오셨습니다. 상상할 수 없는 고통의 간증들을 접하셨지만, 동시에 **근본적인 구원의 간증도** 접하셨습니다. 제단을 무너뜨리고, 거짓을 버렸으며

, 많은 설교단에서 감히 언급조차 하지 못하는 것들에 맞서 싸워 오셨습니다.
하지만 이것이 끝은 아닙니다.

이제 진정한 여정이 시작됩니다. **자유를 유지하는 것, 성령 안에서 사는 것, 다른 사람들에게 탈출구를 가르치는 것.**
40일 동안 불길을 뚫고 이집트로 돌아가는 건 쉬운 일입니다. 제단을 허물고 외로움과 정욕, 혹은 영적인 피로 속에서 다시 짓는 건 쉬운 일입니다. 하지 않다.
순환의 노예가 아닙니다. 당신은 성벽 위의 **파수꾼 입니다.** 당신의 가족을 지키는 문지기 입니다. 당신의 도시를 지키는 **전사 입니다**. 열방을 향한 **목소리입니다**.

통치권 안에서 걷는 자들을 위한 7가지 마지막 명령

1. **문을 지키십시오.**
   타협, 반항, 관계, 또는 호기심으로 영적인 문을 다시 열지 마십시오.
   "마귀에게 틈을 주지 마십시오." - 에베소서 4:27

2. **식욕을 조절하세요.**

   단식은 월경 주기의 일부가 되어야 합니다. 단식은 영혼을 재정비하고 육체를 복종시킵니다.

3. **순수함을 지키세요.**

   감정적으로, 성적으로, 말로, 시각적으로. 불순함은 악마가 다시 기어들어오기 위해 사용하는 첫 번째 관문입니다.

4. **말씀을 마스터하십시오**

   . 성경은 선택 사항이 아닙니다. 성경은 당신의 칼이자 방패이며 일용할 양식입니다. "그리스도의 말씀이 너희 속에 풍성히 거하여..." (골로새서 3:16)

5. **당신의 부족을 찾으세요**

   . 구원은 결코 혼자 걸어가서는 안 됩니다. 성령 충만한 공동체에서 함께 성장하고, 섬기고, 치유하세요.

6. **고난을 받아들이세요**

   . 네, 고난입니다. 모든 고난이 악마적인 것은 아닙니다. 어떤 고난은 거룩하게 합니다. 고난을 헤쳐 나가세요. 영광이 앞에 있습니다.

   "잠시 고난을 받은 후에… 주께서 너희를

*굳건하게 하시고 견고하게 하시며 터를
견고하게 하시리라."* - 베드로전서 5:10

7. **다른 사람들을 가르치십시오**
. 거저 받았으니 이제 거저 주십시오. 다른 사람들이 거저 받을 수 있도록 도와주십시오. 당신의 가정, 당신의 모임, 당신의 교회에서부터 시작하십시오.

제자에게 전달됨

이 기도문은 치유를 위한 세계적인 외침일 뿐만 아니라 군대가 일어나기를 바라는 외침이기도 합니다.
전쟁의 냄새를 맡을 수 있는
목자들이 필요 합니다. 뱀에게 움츠러들지 않는
선지자들이 필요 합니다. 세대 간의 약속을 깨고 진리의 제단을 쌓는
어머니와 아버지가 필요합니다. 나라들이 경고를 받고 교회가 더 이상 침묵하지 않아야 할 때 입니다.

당신은 차이입니다

여기서 어디로 가는지가 중요합니다. 무엇을 짊어지고 가는지도 중요합니다. 당신이 끌려나온 어둠이 바로 지금 당신이 통제할 수 있는 영역입니다.

구원은 당신의 타고난 권리였고, 통치는 당신의
망토입니다.
이제 그 안으로 들어가 보세요.

마지막 기도
주 예수님, 이 40일 동안 저와 함께 걸어주셔서
감사합니다. 어둠을 드러내시고, 사슬을 끊으시고,
더 높은 곳으로 부르셔서 감사합니다. 저는
돌아가지 않겠습니다. 두려움과 의심, 그리고
실패로 모든 약속을 깨뜨립니다. 담대하게 왕국
사명을 받아들입니다. 저를 사용하여 다른
사람들을 자유롭게 하시고, 매일 성령으로
채워주소서. 제 삶이 제 가족, 제 나라, 그리고
그리스도의 몸 안에서 빛의 무기가 되게 하소서.
저는 침묵하지 않겠습니다. 저는 패배하지
않겠습니다. 저는 포기하지 않겠습니다. 저는
어둠에서 주권으로 나아갈 것입니다. 영원히.
예수님의 이름으로 기도합니다. 아멘.

그리스도와 함께 거듭나고 새로운 삶을 시작하는 방법

어쩌면 당신은 이전에 예수님과 함께 걸었거나, 아니면 이 40일 동안 그분을 만났을지도 모릅니다. 하지만 지금 당신 안의 무언가가 움직이고 있습니다.

당신은 종교 그 이상을 원합니다.
관계를 원합니다.
"예수님, 당신이 필요해요."라고 말할 준비가 되었습니다.

사실은 이렇습니다.

"모든 사람이 죄를 지었고 우리 모두는 하나님의 영광스러운 표준에 이르지 못하였느니라…그러나 하나님께서는 은혜로 우리를 값없이 의롭게 하시어 하나님 앞에서 의롭다 하셨느니라"
- 로마서 3:23-24 (새번역)

당신은 구원을 얻을 수 없습니다.
스스로를 고칠 수도 없습니다. 하지만 예수님은

이미 모든 대가를 치르셨습니다. 그리고 당신을
집으로 맞이하기 위해 기다리고 계십니다.

다시 태어나는 방법

거듭난다는 것은 당신의 삶을 예수님께 바치는 것을
의미합니다. 즉, 그분의 용서를 받아들이고, 그분이
죽으셨다가 다시 살아나셨다고 믿고, 그분을 당신의
주님이자 구세주로 받아들이는 것입니다.

간단하죠. 강력하죠. 모든 것을 바꿀 겁니다.

이것을 큰소리로 기도해보세요:

주 예수님, 당신이 하나님의 아들이심을 믿습니다.
제 죄를 위해 죽으셨다가 다시 살아나셨음을
믿습니다.
제가 죄를 지었고 당신의 용서가 필요함을
고백합니다.

오늘 저는 회개하고 옛 습관에서 돌이킵니다.
당신을 제 삶에 초대하여 저의 주님과 구원자가
되어 주소서.
저를 깨끗이 씻어 주시고, 당신의 영으로 채워
주소서.
저는 거듭났고 용서받았으며 자유함을 선포합니다.
오늘부터 저는 당신을 따르고
당신의 발걸음대로 살겠습니다.
저를 구원해 주셔서 감사합니다. 예수님의
이름으로 기도합니다. 아멘.

구원 후 다음 단계

1. **누군가에게 말하세요** - 신뢰하는 신자에게 결정을 공유하세요.
2. **성경에 기반한 교회를 찾아보세요** - 하나님의 말씀을 가르치고 실천하는 공동체에 참여하세요. God's Eagle 사역은 https://www.otakada.org 또는 https://chat.whatsapp.com/H67spSun32DDTma8TLh0ov를 통해 온라인으로 방문하세요.
3. **세례를 받으세요** - 공개적으로 당신의 신앙을 선언하기 위한 다음 단계를 밟으세요.

4. **매일 성경을 읽으세요** - 요한복음부터 시작하세요.
5. **매일 기도하세요** - 하나님을 친구이자 아버지처럼 대하세요.
6. **연락을 유지하세요** - 새로운 산책을 격려하는 사람들과 어울리세요.
7. **지역 사회 내에서 제자 양성 과정 시작** - 이 링크를 통해 예수 그리스도와 일대일 관계를 발전시키세요

40일 제자 훈련 1 - https://www.otakada.org/get-free-40-days-online-discipleship-course-in-a-journey-with-jesus/

40 제자도 2 - https://www.otakada.org/get-free-40-days-dna-of-discipleship-journey-with-jesus-series-2/

나의 구원의 순간

날짜 : _____

서명 : _____

"누구든지 그리스도 안에 있으면 그는 새로운 창조물입니다. 이전 것은 지나갔고 새 것이 되었습니다!"

- 고린도후서 5:17

그리스도 안에서의 새 생명 증명서

구원 선언 - 은혜로 거듭남

이는 다음을 증명합니다.

_____
_____

(성함)

예수 그리스도를 주님이자 구세주로 믿는 신앙을
공개적으로 선언하였고, 그분의 죽음과 부활을
통해 구원의 선물을 값없이 받았습니다.

*"만일 당신이 예수님을 주님으로 고백하고
하나님께서 그를 죽은 자 가운데서 살리셨다는 것을
마음으로 믿으면 구원을 받으리라."*
- 로마서 10:9 (새번역)

이날 하늘은 기뻐하고 새로운 여정이 시작됩니다.

결정 날짜 : _____

서명 : _____

구원 선언

오늘 저는 예수 그리스도께 제 삶을 드립니다. 그분께서 제 죄를 위해 죽으셨다가 다시 살아나셨음을 믿습니다. 그분을 저의 주님이자 구세주로 영접합니다. 저는 용서받고 거듭나 새롭게 되었습니다. 이 순간부터 저는 그분의 발자취를 따라 걸을 것입니다.

하나님의 가족에 오신 것을 환영합니다!

당신의 이름은 어린 양의 생명책에 기록되어 있습니다.

당신의 이야기는 이제 막 시작일 뿐이며,
영원합니다.

하나님의 독수리 사역에 참여하세요

- 웹사이트: www.otakada.org
- 걱정을 넘어선 부 시리즈: www.wealthbeyondworryseries.com
- 이메일: ambassador@otakada.org

- **이 작업을 지원해주세요:**

언약에 따른 기부를 통해 왕국 프로젝트, 선교 사업, 무료 세계 자원을 지원하세요.

QR 코드를 스캔하여 기부하세요
https://tithe.ly/give?c=308311

여러분의 아낌없는 후원 덕분에 저희는 더 많은 영혼에게 다가가고, 자료를 번역하고, 선교사들을 지원하고, 전 세계적으로 제자 양성 시스템을 구축할 수 있습니다. 감사합니다!

3. **WhatsApp Covenant 커뮤니티에 가입하세요**
전 세계의 언약적 신자들과 업데이트, 신앙적 내용을 받고 소통하세요.
참여하려면 스캔하세요
https://chat.whatsapp.com/H67spSun32DDTma8TLh0ov

추천 도서 및 자료

- *어둠의 힘에서 구출되다* (페이퍼백) – 여기에서 구매하세요 | Amazon에서 전자책 구매

- 미국에서 가장 인기 있는 리뷰:
  - Kindle 고객 : "지금까지 읽은 최고의 기독교 서적!" (별점 5개)

이 간증을 주신 예수님을 찬양합니다. 저는 큰 축복을 받았고, 모든 분들께 이 책을 읽어보시기를 권하고 싶습니다. 죄의 삯은 사망이지만 하나님의 은사는 영생입니다. 샬롬! 샬롬!

  - Da Gster : "이 책은 매우 흥미롭고 다소 이상한 책입니다." (별점 5개)

이 책에 적힌 내용이 사실이라면 우리는 적들이 할 수 있는 일보다 훨씬 뒤처져 있는 셈입니다!... 영적 전쟁에 대해 배우고 싶은 사람이라면 꼭 읽어야 할 책입니다.

- **비자** : "이 책 정말 좋아요"(별점 5개)

정말 눈이 번쩍 뜨이네요... 진짜 고백이에요... 요즘 사려고 여기저기 뒤지고 다녔는데, 아마존에서 사서 너무 기뻐요.

- **FrankJM** : "꽤 다르네요"(별점 4개)

이 책은 영적 전쟁이 얼마나 실제적인지 일깨워 줍니다. 또한 "하나님의 전신갑주"를 입어야 하는 이유를 생각하게 합니다.

- **JenJen** : "천국에 가고 싶은 사람이라면 이 책을 읽어보세요!" (별점 5개)

이 책은 제 인생을 완전히 바꿔 놓았습니다. 존 라미레즈의 간증과 함께라면, 여러분의 신앙을 새롭게 바라보게 될 거예요. 벌써 여섯 번이나 읽었어요!

- *전 사탄주의자: 제임스 익스체인지* (페이퍼백) - 여기에서 구매하세요 | Amazon에서 전자책 구매

- **아프리카 전직 사탄숭배자의 증언** – 조나스 루쿤투 음팔라 목사 (페이퍼백) – 여기서 구매하세요 | Amazon에서 전자책 구매

- *Greater Exploits 14* (페이퍼백) – 여기에서 구매하세요 | Amazon에서 전자책 구매

- John Ramirez의 *Out of the Devil's Cauldron* - Amazon에서 구매 가능
- Rebecca Brown의 "그는 포로들을 자유롭게 하려고 왔다" - Amazon에서 찾기

저자가 출판한 다른 책 - 500개 이상의 제목

사랑받고, 선택받고, 온전해지다 : 거부에서 회복으로 가는 30일 여정, 전 세계 40개 언어로 번역

https://www.amazon.com/Loved-Chosen-Whole-Rejection-Restoration-ebook/dp/B0F9VSD8WL

https://shop.ingramspark.com/b/084?params=xga0WR16muFUwCoeMUBHQ6HwYjddLGpugQHb3DVa5hE

그의 발자취 따라가기 - 40일 WWJD 챌린지: 전 세계 실제 이야기 속 예수님처럼 사는 삶

https://www.amazon.com/His-Steps-Challenge-Real-Life-Stories-ebook/dp/B0FCYTL5MG

https://shop.ingramspark.com/b/084?params=DuNTWS59IbkvSKtGFbCbEFdv3Zg0FaITUEvlK49yLzB

문 앞에 계신 예수님:
오늘날 교회에 대한 40가지 가슴 아픈 이야기와
천국의 마지막 경고
https://www.amazon.com/dp/B0FDX31L9F

https://shop.ingramspark.com/b/084?params=TpdA5j
8WPvw83glJ12N1B3nf8LQte2a1lIEy32bHcGg

언약의 삶: 신명기 28장의 축복 안에서 걷는 40일
- https://www.amazon.com/dp/B0FFJCLDB5

실제 사람들, 실제 순종, 실제의 이야기

https://shop.ingramspark.com/b/084?params=bH3pzfz1zdCOLpbs7tZYJNYgGcYfU32VMz3J3a4e2Qt

20개 이상의 언어로 변환

그녀를 알고, 그를 아는 것:
치유, 이해, 그리고 지속적인 사랑을 위한 40일

https://www.amazon.com/KNOWING-HER-HIM-Healing-Understanding-ebook/dp/B0FGC4V3D9

https://shop.ingramspark.com/b/084?params=vC6KCLoI7Nnum24BVmBtSme9i6k59p3oynaZOY4B9Rd

완료, 경쟁하지 마세요:
목적, 단결, 협력을 향한 40일간의 여정

https://shop.ingramspark.com/b/084?params=5E4v1tHgeTqOOuEtfTYUzZDzLyXLee30cqYoOOv9941

https://www.amazon.com/COMPLETE-NOT-COMPETE-Journey-Collaboration-ebook/dp/B0FGGL1XSQ/

신성한 건강 코드 - 하나님의 말씀과 창조를 통해 치유를 활성화하는 40가지 일일 열쇠 식물, 기도, 예언적 행동의 치유력을 풀어보세요

https://shop.ingramspark.com/b/084?params=xkZMrYcEHnrJDhe1wuHHYixZDViiArCeJ6PbNMTbTux

https://www.amazon.com/dp/B0FHJT42TK

https://www.amazon.com/stores/Ambassador-Monday-O.-Ogbe/author/B07MSBPFNX 에서 찾을 수 있습니다.

부록 (1-6) : 자유와 더 깊은 구원을 유지하기 위한 자원

부록 1: 교회 안에 숨겨진 마법, 신비로운 관습, 이상한 제단을 분별하기 위한 기도

"인자야, 그들이 어둠 속에서 무엇을 하는지 보느냐?" - 에스겔 8:12

"열매 없는 어둠의 일에 참예하지 말고 오히려 책망하라." - 에베소서 5:11

분별과 계시를 위한 기도:

주 예수님, 제 눈을 열어 주시어 당신이 보시는 것을 보게 하소서. 모든 이상한 불, 모든 비밀 제단, 설교단, 신도석, 혹은 관습 뒤에 숨겨진 모든 신비로운 행위가 드러나게 하소서. 베일을 벗겨 주소서. 예배로 위장한 우상숭배, 예언으로 위장한 조작, 그리고 은혜로 위장한 타락을 드러내 주소서. 제 지역 모임을 깨끗이 하소서. 제가 타협된 교제에 속해 있다면, 저를 안전한 곳으로 인도하소서. 순수한 제단을 세우소서. 깨끗한 손과 거룩한 마음을 주소서. 예수님의 이름으로 기도합니다. 아멘.

부록 2: 미디어 포기 및 정화 프로토콜

"나는 내 눈앞에 악한 것을 두지 아니하리니…" - 시편 101:3

미디어 라이프를 정화하는 단계:

1. **감사해보세요**.
2. **질문:** 이것이 하나님을 영광스럽게 하는가? 어둠(예: 공포, 정욕, 마법, 폭력 또는 뉴에이지 주제)으로 향하는 문을 여는가?
3. **포기하다** :

"저는 불경건한 미디어를 통해 열린 모든 악마의 문을 거부합니다. 저는 유명인, 창작자, 등장인물, 그리고 적에게 힘을 얻은 스토리라인과의 모든 영혼적 연결고리를 끊습니다."

4. **삭제 및 파기** : 콘텐츠를 물리적, 디지털 방식으로 제거합니다.
5. **대체하세요**.

부록 3: 프리메이슨, 카발라, 쿤달리니, 마법, 오컬트 포기 각본

"어둠의 무익한 행위에 참여하지 마십시오…" - 에베소서 5:11

큰소리로 말해보세요:

예수 그리스도의 이름으로, 저는 모든 서약, 의식, 상징, 그리고 비밀 결사나 오컬트 단체에 대한 입회를 고의든 무의식이든 거부합니다. 저는 다음과 같은 모든 관계를 거부합니다.

- **프리메이슨** – 모든 등급, 상징, 혈맹, 저주, 우상 숭배.
- **카발라** – 유대교 신비주의, 조하르 독서, 생명나무 기도, 천사의 마법.

- **쿤달리니** – 제3의 눈 열기, 요가 각성, 뱀의 불, 차크라 정렬.
- **마법과 뉴에이지** – 점성술, 타로, 수정, 달 의식, 영혼 여행, 레이키, 흰색 또는 검은색 마법.
- 로지크루 시언, 일루미나티, 스컬앤본즈, 예수회 서약, 드루이드교단, 사탄주의, 영매주의, 산테리아, 부두교, 위카교, 텔레마, 영지주의, 이집트 신비주의, 바빌로니아 의식.

저는 저를 위해 맺어진 모든 언약을 무효화합니다. 제 혈통, 꿈, 그리고 영혼의 인연을 통해 맺어진 모든 인연을 끊습니다. 저는 제 존재 전체를 주 예수 그리스도께, 영과 혼과 육을 온전히 바칩니다. 어린 양의 피로 모든 악령의 문이 영원히 닫히게 하소서. 제 이름이 모든 어두운 곳에서 깨끗해지게 하소서. 아멘.

부록 4: 기름 부음 활성화 가이드

"너희 중에 고난당하는 자가 있느냐? 그는 기도할 것이요, 너희 중에 병든 자가 있느냐? 그는 장로들을 청하고… 주의 이름으로 기름을 바르라."
– 야고보서 5:13-14

구원과 지배를 위한 기름 부음의 기름을 사용하는 방법:

- **이마** : 마음을 새롭게 함.
- **귀** : 하나님의 음성을 분별함.
- **배** : 감정과 정신의 자리를 정화합니다.
- **발** : 신성한 운명으로 걸어들어감.
- **문/창문** : 영적인 문을 닫고 집을 정화합니다.

기름 부음 선포:
"나는 이 공간과 그릇을 성령의 기름으로 거룩하게 합니다. 어떤 악령도 이곳에 합법적으로 접근할 수 없습니다. 주님의 영광이 이곳에 거하게 하소서."

부록 5: 신비주의적 출처에서 얻은 제3의 눈과 초자연적 시각의 포기

큰소리로 말해보세요:

예수 그리스도의 이름으로, 트라우마, 요가, 아스트랄 여행, 환각제, 또는 영적 조종을 통해서든 제3의 눈이 열리는 모든 것을 포기합니다. 주님, 모든 불법적인 문을 닫으시고 예수님의 보혈로 봉인해 주시기를 간구합니다. 성령에게서 오지 않은 모든 환상, 통찰력, 초자연적인 능력을 내려놓습니다. 모든 악령의 감시자, 아스트랄 투사기, 또는 저를 감시하는 모든 존재가 예수님의 이름으로 눈이 멀고 결박되게 하소서. 저는 권력보다 순수함을, 통찰력보다 친밀함을 택합니다. 아멘.

부록 6: 영적 성장을 위한 간증이 담긴 비디오 자료

1) 1.5분부터 시작하세요 - https://www.youtube.com/watch?v=CbFRdraValc

2) https://youtu.be/b6WBHAcwNOk?si=ZUPHzhDVnn1PPIEG

3) https://youtu.be/XvcqdbEIO1M?si=GBlXg-c0-7f09cR

4) https://youtu.be/jSm4r5oEKjE?si=1Z0CPgA33S0Mfvyt
5) https://youtu.be/B2VYQ2-5CQ8?si=9MPNQuA2f2rNtNMH
6) https://youtu.be/MxY2gJzYO-U?si=tr6EMQ6kcKyjkYRs
7) https://youtu.be/ZWOdJAsfJD8?si=Dz0b44I53W_Fz73A
8) https://youtu.be/q6_xMzsj_WA?si=ZTotYKo6Xax9nCWK
9) https://youtu.be/c2ioRBNriG8?si=JDwXwxhe3jZlej1U
10) https://youtu.be/8PqGMMtbAyo?si=UqK_S_hiyJ7rEGz1
11) https://youtu.be/rJXu4RkqvHQ?si=yaRAA_6KIxjmOeOX
12) https://youtu.be/nS_Insp7i_Y?si=ASKLVs6iYdZToLKH
13) https://youtu.be/-EU83j_eXac?si=-jG4StQOw7S0aNaL
14) https://youtu.be/_r4Jyzs2EDk?si=tldAtKOB_3-J_j_C
15) https://youtu.be/KiiUPLaV7xQ?si=I4x7aVmbgbrtXF_S
16) https://youtu.be/68m037cPEu0?si=XpuyyEzGfK1qWYRt
17) https://youtu.be/z4zlp9_aRQg?si=DR31DYTt632E96a6

18) https://youtube.com/shorts/H_90n-QZU5Q?si=uLPScVXm81DqU6ds

최종 경고: 이걸 가지고 놀 수 없습니다

구원은 오락이 아닙니다. 전쟁입니다.

회개 없는 포기는 그저 소음일 뿐입니다. 호기심은 부르심과 다릅니다. 아무렇게나 쉽게 회복되지 않는 일들이 있습니다.

그러니 대가를 계산하십시오. 순결하게 행하십시오. 문을 지키십시오.

악마는 소음을 좋아하지 않습니다. 오직 권위만 좋아합니다.

www.ingramcontent.com/pod-product-compliance
Lightning Source LLC
Chambersburg PA
CBHW050337010526
44119CB00049B/584